學著變幸福

自分の幸せに気づく心理学　アメリカ「 無名兵士の言葉 」が教える大切なこと

在負能量爆表的路途中，改變觀點翻轉人生

哈佛最受歡迎的
心理學大師 加藤諦三 著 ｜ 藍嘉楹 譯

無名戰士的話語【獻給受苦受難者的箴言】

我求主賜我力量以至於成功；
祂卻使我因著軟弱學會順服。

我求主賜我健康來成就大事；
祂卻讓我遭遇疾病來完成更好的事。

我求主賜我財富而快樂；
祂卻使我一貧如洗而充滿睿智。

我求主賜我權柄受人讚賞；
祂卻使我軟弱學習尋求祂。

我求主賜給我一切來享受生命；
祂卻賜我生命來享受一切。

當我所求看似一無所獲，卻意外地得到一切所期盼的；
當我輕看自己的需要時，那沒說出口的禱告竟全蒙應允；
我是眾人之中，最富足且最蒙祝福的那位。

*西元 1861-1865 間，美國南北戰爭一位無名戰士所寫。

A CREED FOR THOSE WHO HAVE SUFFERED

I asked God for strength, that I might achieve

I was made a weak, that I might learn humbly to obey ...

I asked for health, that I might do greater things

I was given infirmity, that I might do better things ...

I asked for riches, that I might be happy

I was given poverty, that I might be wise ...

I asked for power, that I might have the praise of men

I was given weakness, that I might feel the need of God ...

I asked for all things, that I might enjoy life

I was given life, that I might enjoy all things ...

I got nothing that I asked for-but everything I had hoped for.

Almost despite myself, my unspoken prayers were answered.

I am among all men, most richly blessed!

新版前言

人在思索幸福的定義時，有兩大不可忽略的重點。

意即「比較」和「適應」。這兩項所帶來的風險，不時可見於美國的著作和論文，被稱為「comparison & adaptation」。因為這兩項會成為阻礙（註1）。

Comparison & Adaptation 所造成的問題，早在超過十年以前就有人提出（註2）。

很多人對 Adaptation 造成的威脅渾然不覺。

所謂的「適應」，舉例而言，就像身體健康的人，對自已保持健康的狀態感到習以為常。

反之，沒有把保持健康視為理所當然，這種人即使是對於「到公司上班」等小事，都懷抱著感恩的心。因為能夠做到這一點，並非理所當然。

有個人苦於嚴重的坐骨神經痛。劇烈的疼痛耗盡了他的力氣，使他的意識變得恍惚。在他感到筋疲力竭，快要昏倒的時候，他看到了一張椅子。

但是，苦於坐骨神經痛的人，坐在椅子上也會痛。於是，他只能眼睜睜看著椅子，想坐卻又沒辦法。

這時，他即使置身於最高星級的豪華飯店，但是在大廳卻遍尋不著一個可以休息的空間。即使柔軟的沙發近在眼前，對他而言不過是讓疼痛雪上加霜的凶器。坐下去和用刃器自殘根本沒有兩樣。

他的肉體承受劇烈的疼痛，在地球上可說找不到容身之處。

他感到強烈的恐懼，感覺自己就要被森林大火波及。

對他來說，能夠好好坐在椅子上，簡直是難以置信的至高幸福。因為，「能夠好好坐在椅子上」，對他來說並不是理所當然的事。

健康的人坐在按摩椅上會覺得很舒服，但對他而言，按摩椅與凶器無異。

就像有風迎面吹來，有人覺得「好舒服」，但也有人不這麼覺得。這也是關於「適應」的問題。

某個六十幾歲的男性中風。雖然他已經順利從腦梗塞復原，但他對人生的態度就此改變，想法也變得與以往不同。

中風之前，他老是怨嘆自己自從步入花甲之年，半夜跑廁所的次數大幅增加。姑且不論上廁所的次數增加，原因是否真的是上了年紀，但一整晚起來好幾次，的確會妨礙睡眠。

容我再提醒一次：這位男性原本很怨嘆自己半夜要跑廁所好幾次。但是自從他中風之後，他才發覺能夠不假他人之手，自己上廁所，是多麼幸福的事。

他原本以為自己下床上廁所是理所當然的事，但等到他發覺實情並非如此，他對半夜起來跑廁所的心態從抱怨轉為感謝。

當他總算了解原本習以為常的事並非理所當然，同時也得到幸福。

世上最不幸的人莫過於完美主義者和貪心的人。

他們不只把好運視為理所當然，還奢望得到更多。

他們以為要得到更多是易如反掌的事。所以也不會付出努力去獲得。

有項研究以一六〇名患者為調查對象，結果顯示能夠坦然接受痛楚的人，感受到的幸福感也比較強。

只要「坦然接受」，連疼痛都會減輕。換言之，坦然接受不只可以擺脫「對疼痛的恐懼」，也容易擺脫憂鬱纏身，甚至能改善活動的能力（註3）。

這點和謝布里*所說的「接受不幸」有異曲同工之處。

也和阿德勒所說的「不要把一切當作理所當然」是同樣的道理。

就像不要把沒有疼痛的身體視為理所當然，而當作值得感謝的事。

如果覺得沒有疼痛是理所當然的事，當疼痛發生，自然會覺得很痛苦難熬。當然，疼痛對每個人來說都很難受，而且不光是疼痛，不論是身體麻痺等其他身體障礙，對每個人都是一種折磨。

*大衛．謝布里（David Seabury），一八八五年～一九六〇年，是美國心理學家、作家和講師。

但是，難受的程度並非完全取決於客觀的疼痛。

礙於篇幅的限制，我無法一一詳述，但根據哈佛大學的麻醉科教授畢闕（Henry Beecher）的研究，即使受傷的嚴重程度相同，每個人感覺的疼痛卻有落差。

擁有健康的身體，卻無法體會健康的可貴，不懂得感謝，下意識覺得「自己擁有特權」。這樣的人，是不幸的人。

若能捨棄這樣的想法，就會發覺自己是備受眷顧的幸運兒。如果自己的心態能轉為「我沒有資格要求得到幸福的特權」，就會發現現在的自己是如此幸運。

不幸的人，下意識覺得「我擁有特權」，即使擁有理想工作、朋友、財產，身邊不乏伴侶和家人，也感覺不到幸福與意義。

原因在於他們把自己目前擁有的一切視為理所當然。

不論擁有健康的身體還是孝順的兒子，他們都覺得理所當然。但諷刺的是，有些人即使擁有一切卻還是身陷不幸，相反的，有些人即使一無所有，卻擁有平靜的心靈。

那麼，我的心靈現在被何物所囚禁呢？

是被夢寐以求卻又實現不了的職業，還是被已經分手的情人，或者在大家面前羞辱自己的「那個傢伙」？或許，有人一直耿耿於懷於原本在重要的日子裡，期待能受到讚美，結果自己卻讓對方失望了。也可能是因為無法達到父母對自己的期待而難以釋懷。總之，真要一一細數，可能十隻手指都數不完。

若能從困住自己的牢籠走出來，人就會覺得現在的自己很幸福。

如果滿腦子都是內心糾結的問題，不可能發覺幸福就在身邊。

無法感覺到幸福，不是因為腦袋被藥物控制，而是被「某件事」所佔據。

若要獲得幸福，前提是接受痛苦。換言之，能夠接受不幸的人，才感受得到幸福。

有人像鼓勵集體自殺的天堂之門（美國爭議性宗教組織）一樣，雖然心懷恐懼，口頭卻不斷逞強，宣稱「我是全世界最幸福的人」。這些人出於虛偽的自尊，無法面對自己真實的感受。

有些人之所以無法獲得幸福，原因在於他們無法接受自己的不幸。如果無法接受，不幸將永遠如影隨形。

人若愈是想得到幸福，貪念也會愈重，正因如此，想要從不幸抽身，就變得難上加難了。

就像美國心理學家羅洛·梅（Rollo May）所說的「成為自己內在的力量」，而不幸的人沒有想要「變幸福」的念頭。

如果能找出苦惱的根源，就能發現幸福的存在。

換言之，只要找出「為何我總是覺得自己不幸」的原因，最後就會得到幸福。

我在日本翻譯的《大腦型態》（Brainstyles）提到一個人的樣貌，是由現實所創造。因為大腦資訊的影響力超過外界資訊的數百倍。

教授解剖學的大衛·費爾頓（David Felten）教授曾進行一項調查。他帶著狗走在路上，觀察路人看到狗的反應，每個人的反應不盡相同。

曾被狗咬的人，因為恐懼感作祟，加速腎上腺素的分泌，使交感神經達到最大的活性程度。不只心跳加快，還會瞳孔放大，支氣管擴張（註4）。

每個人對狗的反應不同，不同的原因並非「來自外界的刺激」，而是在於「過去與狗接觸的經驗」。

也就是說，每個人面對刺激所表現出來的反應，都是獨一無二的。

可怕的不是狗本身，問題在於發現自己原來很害怕。

之所以感受不到幸福，不是對象的關係，而在於自己的性格。

如果意識到自己的內心被某個問題佔據，表示自己對現實的認知一定會出現扭曲。

好比把1％的問題放大成90％。換句話說，等於把煩惱放在顯微鏡下檢視。

有些人心神恍惚，並不是因為吸食海洛因，而是被煩惱害得神智不清（註5）。

也因此錯失了90％的幸福。

哈佛醫學院教授哈洛威爾醫師*曾說，一般而言，大腦位於前額葉皮質的新皮質和位於杏仁體的邊緣系統，負責使知性與感性保持平衡狀態，但一旦涉及到煩惱的問題，

---

*愛德華．哈洛威爾醫師（Edward M. Hallowell, M.D.），曾於哈佛醫學院任教超過二十年。

兩者會發揮相乘效果。

負責偵測危險的杏仁體和額葉若不斷互相傳遞訊息，煩惱會不斷膨脹。不安感亦同。

根據腦部的調查結果顯示，當我們為了某事煩惱的時候，腦部的扣帶皮質（cingulate cortex）會有活動過度頻繁的情形。

哈洛威爾曾說「毒品會使人陷入恍惚狀態」。

但無名戰士的話語，就是最好的解毒劑。

哈洛威爾說煩惱的人會皺眉，凝視著天空，但眼光失焦。他們滿腦子只想著煩惱的事，對周圍的情況渾然不覺。「原因是他們的心思已經完全被煩惱所佔據」（註6）。

那麼他們該如何是好呢。

既然心思被煩惱佔據，解決之道就是解開煩惱。

但是，當人正為某事煩惱的時候，即使聽到別人好言相勸「哪個人沒有煩惱啊，絕對不是只有你會煩惱」大概也很難聽進去。

換位思考一下，如果是你正為某件事煩惱，即使如此自我安慰，煩惱也不會消失不見，不是嗎？

所謂心思被煩惱佔據，意思是腦部在煩惱狀態下，充斥著釋放的荷爾蒙。意即前述的「毒品會使人陷入恍惚狀態」（註7）。

為某件事深陷煩惱的時候，最好告訴自己「我的腦子現在是吸毒狀態」。

若無法從煩惱走出來，面對美麗的夕陽和迷人的微風都無動於衷，即使在吃東西，也覺得食不知味。為了得到滿足，會想「再吃一點，多吃一點」。

煩惱到喪失自我的時候，所做所為都是為了展示給別人看。除非得到別人的讚美，否則自己做的一切都不具意義，也無法從自己的作為當中感覺到幸福，彷彿人生是為了活給別人看，成為名副其實「不幸的人」。

如果能找出問題的癥結點，就會發現「真正的自我」被忽略的事實。

只要找回真正的自我，就能回到原本應該待的位置，從「因毒品陷入恍惚」的狀態中解脫。只要自己能重新就定位，就可以從「不幸的人」狀態畢業。

而且能夠學著變幸福。

只要找到自己能夠安身立命的位置，接著也會找到一條可能實現自我的道路。也能夠順利與人溝通。

相反地，不幸的人，無法從這個狀態中逃脫，他們苦於找不到安身立命之處，就像全部的心思都被用來包裝自己的包裝紙佔據，而忽略了自己的「內容物」。

「為了成就大事的力量」「為了獲得幸福的財富」都不過是包裝紙。

心思被包裝紙所佔據，陷入「毒品造成的恍惚狀態」，這樣不幸的人，等於「已經失去了活在當下的能力」（註8）。

若還未將毒素排除乾淨，使無法享受當下，也不懂得珍惜與眼前對象共度的時光。

這樣的人沒辦法與人交心。他們沒有精神的寄託，內心一片空蕩。

但是，一旦體內的毒素排出，他們就能夠發現「成為自己內在的力量」，學著變幸福。屆時，我相信他們一定也會贊成無名戰士的話語，覺得「這話說得一點都沒錯」。

另外，「當我所求看似一無所獲，卻意外地得到一切所期盼的；當我輕看自己的需要時，那沒說出口的禱告竟全蒙應允；我是眾人之中，最富足且最蒙祝福的那位。」

想必他們也會體會到這段話的真意吧。

註

1 Cahit Guven・Bent E. Sorensen, Subjective Well-Being: Keeping Up with the Perception of the Joneses, Springer Science+Business Media B.V. 2011, p.441
2 Daniel Nettle, Happiness, Oxford University Press, 2005, p.43
3 Alex J. Zautra, Emotions, Stress, and Health, Oxford University Press, Inc., 2003, p.129
4 『こころと治癒力』草思社、２９１頁
5 Edward M. Hallowell, Worry, Panteon Books, A Division Of Random House, Inc., New York Edward M. p60
6 Edward M. Hallowell, Worry, Panteon Books, A Division Of Random House, Inc., New York Edward M. p60
7 Edward M. Hallowell, Worry, Panteon Books, A Division Of Random House, Inc., New York Edward M. p60
8 Karen Horney, Neurosis and Human Growth, W.W.NORTON & COMPANY, 1950, p.35

前言

我會寫這本書的契機，來自二〇〇二年三月刊登於日本《中日新聞》，由小出宣朝編輯局長執筆的一篇專欄。

那篇專欄中介紹了距今一百四十年前、美國南北戰爭時期所留下的「無名戰士的話語」，據說在讀者之間引發了前所未有的熱烈迴響。

當時我深受「無名戰士的話語」中所展現的睿智，以及能夠引起大眾共鳴這點所深深感動，因此決定提筆撰寫本書。

很多人渴望得到他人的肯定，但是卻經常做出引起反感的言行舉止。如果希望自己受人喜愛，只要做出符合對方期待的行為就好，但有些人卻刻意表現得惹人厭。

例如在他人面前誇耀自己；原意是博得他人對自己的好感，沒想到卻適得其反。人都想得到幸福，但表現出來的行為偏偏只會招致不幸。因為這樣的人，不知道為了獲得幸福，自己需要的是什麼。

有些人一心只想成就大事，想要做出偉大的事業。或者一心追求成功與財富。然而，這些人不但得不到追求的事物，反而變得軟弱、生病，或嘗到失敗的苦果。但是，「無名戰士的話語」已經告訴我們，只要「懷有謙虛的心，表現出智慧，就能得到幸福」。

收集隱藏在成功、財富和健康背後的部分，就能實現夢想。只要具備這些要素，就能成為了不起的人。

收集了一切隱藏在背後的部分，並將之克服，就能成為自己理想中的人。

人要等到生病，才懂得體貼；只要學會謙遜，便有人願意跟隨。即使窮到兩人只剩下一個飯糰，分著吃也甘之如飴。只要今天活下去，就能迎接明天的到來。

今天做的事會影響到明天。
只要克服了今天的困難，明天就會感到慶幸。
沒錢的時候，即使只有一片吐司，也要分成兩半和對方一起吃。對方一定會很感動。日後你若遇到困難，對方也會向你伸出援手。
這就是「無名戰士的話語」想表達的，原本以為只要有錢就能得到幸福，沒想到變得貧窮後才體驗到什麼是幸福。
很多人以為只要有錢，幸福就會跟著來。其實，「無名戰士的話語」已經告訴我們，只要「懷有謙虛的心，表現出智慧，就能得到幸福」。
財富會有耗盡的時候，但謙遜的心永遠不會消失。
即使經濟上不甚寬裕，但只要有人願意相信自己，就能變得幸福。
雖然擁有五千萬，卻到處樹敵，和手頭只有五千元，卻隨時找得到親友周轉，兩種人相比，後者無疑幸福多了。手頭上只要有五千元，就可以過日子了。只要有錢吃飯就足夠了。
只要手邊的錢足夠今天填飽肚子就夠了。因為明天的事誰也不知道。

最重要的是在自己失意時，可以看清人心。曾有個人貴為全球首富，一旦遭到逮捕，聽說他原本預期「應該會來探視我」的人卻一個也不曾出現。即使擁有萬貫家財，內心卻忿忿不平「那傢伙從我這裡得到了多少好處啊。沒想到卻如此忘恩負義……」也是枉然，稱不上得到幸福。

億萬富翁也會生病。但當他生了重病，卻沒有人對他伸出援手。只要付錢，當然會有人照顧他，但沒有人能夠替他消除度過漫漫長夜的孤寂。這樣的人即使擁有了財富，但人生的某個環節一定是出錯了。

人與人之間的信賴關係能帶來最大的幸福。人與人的信賴關係能消除夜晚的孤獨。因此，一心追求成功，也如願以償得到成功的人、一心追求財富也得到財富的人，在這個世上找不到自己的安身之處。他們沒有看清聚集在自己身邊的人，都只是為了從自己身上榨取好處的居心叵測之徒。

當這位全球首富變得一無所有，或許他並不是毫無收穫。原本預期應該會來探望自己的人，卻遲遲沒有現身，想必他終於能夠看清事實。如果能夠看清事實就好了。曾貴為全球首富，如今卻一無所有，他的身邊哪怕只有一個正派的人，或許他的人生就會變得大不相同。

不知各位對頂著皇冠的木乃伊有何看法？

皇冠象徵著名譽、權力和財富等人世間所有的榮華富貴。皇冠要有人戴上才會熠熠生輝。

即使活得很辛苦、受盡折磨，各位是否還是覺得不惜一切代價也要得到名譽呢。

或者你已經發現有其他不同的路，而且決定照著這條可以讓自己得到滿足的路走下去呢？

我認為身處現代社會的人們，當務之急是培養出正確的認知：與其當個事業有成，心理卻呈現病態的人，不如當個人生的勝利者，擁有健康的心理。

在商場或政壇失利的人，如果能藉這個機會改變觀點，未嘗不是獲得幸福的機會。

「無名戰士的話語」已經告訴我們，失意時該如何應對。

日本在第二次世界大戰之後，成為一切以金錢為導向的國家，對「錢」的重視程度在全世界無人能出其右。同時，心理崩壞的程度也是全球之冠。

現在的日本人，除了失去了人生的價值與生存的意義，連對超越金錢的崇高信仰也已蕩然無存。我衷心期盼，如果一百四十年前的美國南北戰爭時所留下的「無名戰士的話語」，可以成為喚起日本的「良心」就好了。

好逸惡勞是人的天性。因為如此，我們才會誤入歧途。

如果一開始就做好人生就是要吃苦的心理準備，全力以赴過日子，應該就能理解「無名戰士的話語」所要表達的意義。

目錄

第1章 煩惱是可以解決的

第2章

不論何時，要相信的唯有自己

第3章

金錢無法帶來幸福

第4章

多次失敗的經驗，會讓人變得幸福

第5章 為小事感到雀躍

第6章

對「現在」全力以赴，能消除未來的不安

第1章

煩惱是可以解決的

「我求主賜我力量以至於成功；
祂卻使我因著軟弱學會順服。」

I asked God for strength,
that I might achieve
I was made weak,
that I might learn humbly to obey ...

人具備再生的力量

大家都說人生的指標很重要，但人生的指標到底是什麼？何謂開創道路？

「無名戰士的話語」是寫給苦惱人們的指導書。

如果能夠抱著「無名戰士的話語」所描述的心情度過每一天，相信一定能擁有圓滿幸福的人生。

刻在紐約大學牆上的無名詩句，標題是「獻給受苦受難者」。

所謂的「受苦受難者」，就像「枯朽的落葉」。

枯朽的落葉，化在土中會護育種子。

種子會生出新的生命。
人具備再生的力量。
秋天是落葉的季節，
到了春天會萌生新芽。
春天一到，遠去的冬天看起來也會不一樣。

不幸才會召來幸運

有一次我路過某間規模很大的銀行。看到莊嚴的建築，我突然有了這樣的感觸。銀行建築物的外貌沒有早晚之分，但一棵樹的長相，就有早晚之別了。即使斥資打造了再雄偉的建築物，也比不上一棵樹。

那時，我心裡想著一個問題：在銀行位居高位，和可以隨時望著一棵樹過日子，哪一種生活方式能夠讓心靈更加充實富足。

我想大多數的人從小在長輩的教導下，已經養成認知——財富與成功不是追求幸福的必備條件。當然，掌握幸福也是多數人共同的願望。

儘管如此，卻仍有無數的人為了追求財富與成功而奮不顧身。事過境遷才開始問自己「為什麼要這麼做？」

追求名聲的背後，隱藏著不可忽略的危險心理。

當我們獲得成功，或許會感到心安，以為「這下子就沒問題了」。當我們賺了大錢，或許確信自己擁有了穩固的財力。當我們權力在握，根本沒想過自己會居於弱勢。

但是，正如俗諺所說「天有不測風雲」，我們無從得知自己身邊的人事物，何時會發生何種變化。原本以為穩固的財富和地位都可能瞬間失去。

日本在泡沫經時期，有誰想像得到地價會有一落千丈的時候，正如現在的情況。原本自豪坐擁金山銀山的人，最後卻落得舉債度日的情況也不在少數。

被大企業錄取而歡天喜地之際，有誰想像得到自己在十年後會得到憂鬱症呢。

當初打心底以為的天大好消息，從事後諸葛的眼光來看，有可能發展為截然不同的結果。

當初覺得可惜的事，等到事過境遷，也可能出現意想不到的效果。

俗話說「塞翁失馬，焉知非福」。

我在高中的漢語課學到了這句格言。那時，我唯一的感想是「天底下哪有這種事」，但等到年過花甲，我才深深體會到「此言不假，人生果真是如此」。

幸運可能會帶來不幸，但不幸也可能召來幸運。即使得到社會上的成功與財富，最後也未必擁有幸福的人生。

不過上述原則畢竟只適用於崇尚財富、成功、權力的「形」的世界。

若從「心」的世界思考，就有例外出現。以「心」的世界而言，也有確實不變的事。至於是哪些事，我們從「無名戰士的話語」可以找到答案。

受人嘲笑也無妨的人生

千載難逢的大好機會在眼前消失無蹤。這就是人生。

人只能把這份遺憾放進心裡，久久無法忘懷。

只要活著，一定會遇到這樣的事。

有時也會遇到讓人措手不及的事，滿腦子想著「不會吧，怎麼會有這樣的事情發生！」

這就是人生。

但是，這份遺憾將會對你的人生賦予價值與意義。

我年輕的時候比較神經質，那時我還沒掌握度過人生的方法。我認真的思考過「所謂真正的人生究竟為何」。為了尋找這個答案，我不斷踏上旅程；我曾經造訪中亞的草原，也曾經深入印度的內陸與造訪飄雪的阿爾卑斯山。

歷經這些旅行，我發現自己成長了。即使受人嘲笑，也能一笑置之，我認為這才是真正的人生。

而且，其實搞不好是我們過度放大而已，別人並不會嘲笑這樣的人生。

真實的人生，就是你現在的人生。

真實的人生就是曾經為了許多事情全力以赴。

日復一日重複同樣的事情，就是真實的生活。

真實的人生是點點滴滴的累積。

能夠體會「終於完成了、熬過來了」的喜悅，就是真實的人生。

「無名戰士的話語」告訴我們，所謂真實的人生究竟是什麼樣的人生。

如何保持不會得意忘形的心

現在的你，是否為了某些事而煩惱？
是否有哪方面得不到滿足呢？
在尋求幸福的過程中，你所追逐的是否是錯誤的目標呢？
說不定改變現在努力的事，就能得到幸福了。
這就是「無名戰士的話語」所告訴我們的事。
人有時會想「為什麼我的人生會過得這麼辛苦」。
之所以覺得辛苦，是因為自己發覺，為了追求成功、財富與權力，「沒有替自己的心保留可以歇息的位置」。

「無名戰士的話語」已告訴我們，所謂的幸福並不是財富或權力等有形之物，而是無形的心之所在。

一味追求財富、權力、健康或成功等「有形」事物，卻只會讓幸福在意想不到的情況下溜走。

「無名戰士的話語」不是已經向我們指出這點了嗎。

萬貫家產也可能在一夕之間全部化為烏有。

即使大權在握，也可能瞬間失勢。

位高權重，卻落得酒精中毒的政治人物，從他們身上，我們已經知道，即使手握大權也不保證會得到幸福。

政治學者拉斯威爾（Harold Lasswell）曾說，酒精中毒是政治人物的職業病。位居權力頂端的政治人物，之所以變得仰賴酒精成性，原因在於被財富、權力和成功等「有形」的事物壓得喘不過氣，心底總是覺得不安。

為了消除心底的不安，這類人對於「有形」事物變得更加執著。他們並不知道自己緊抱著不放的其實是地雷，即使「形」已經分崩離析也不鬆手。甚至馬上就要腐爛了也不放開。

財富、權力、健康或成功等「有形」事物，可以在表面上讓人覺得安心。因為看得到，所以讓人覺得滿足。

但是，「無名戰士的話語」讓我們知道，重要的不是追求這些「形」，而是保持不會得意忘形的心，這樣才學得會謙遜，能夠把事做得更好，變得更有智慧。

這麼做的結果是「意外地得到一切所期盼的。（中略）我是眾人之中，最富足且最蒙祝福的那位」，不安的心情消失，覺得穩定自在。這就是「無名戰士的話語」要告訴我們的事。

煩惱就是最實在的證據

想要得到財富與成功，也想得到名譽。可是，想要卻得不到。「無名戰士」卻說自己「得到一切所期盼的」。

或許這是因為，有人教導他，追求上述的事物是沒有意義的事。

當人獲得成功，變得洋洋得意，有可能會面臨樂極生悲的劇變。成功不一定來得快，但很可能去得快，一轉眼就消失了。

在漫長的一生當中，我們不時會面臨意想不到的狀況，讓人忍不住想大喊「怎麼會？天底下怎麼會發生這種事！」自己的處境可能一下子從天堂掉到地獄。

人生在世，每個人都有煩惱。除非人不再是感情動物，否則每個人都有自己的煩惱。所以，如果你正在為某事煩惱，請不要擔心，因為這是再正常不過的現象。

如果對人進行更進一步的洞察，就會了解到一件事實：人類只要存在，一定會引起某些事情發生。

為了煩惱所苦，其實也是一種「活著的證明」，這點既是活著的意義，也是價值。不會為煩惱所苦，表示人生很空虛，沒有意義。

「無名戰士的話語」已經告訴我們「煩惱反映著內心的狀態，而且一定有辦法解決」。

人本來就具備解決問題的能力。

所以大家不必畏懼煩惱。請把苦難視為珍寶。

請大家以《伊索寓言》中吃不到葡萄就說葡萄酸的狐狸為戒。千萬不要成為口頭上說「絕對不想那樣過日子」，心裡卻羨慕萬分、口是心非的人。不要對煩惱視而不見，以為假裝沒看見就可以當作煩惱不存在。

正視自己的煩惱，可以感受到人生的意義與價值。也就是能夠往前看，積極向前。

只要活著一定有好事發生

「毫不掩飾地接受真實命運的煩惱者」，這樣的人，只要活著一定有好事發生。因為他們有愛人的能力，能夠勇往直前。

不願意坦誠接受真實命運，並為此煩惱的人，沒有自我。很容易處在心情沉重的狀態。

「不願意接受不幸，並為此苦惱無比」，最後只能空虛度日，每天過得悶悶不樂。如果你覺得「我現在沒有煩惱」，表示你必須好好檢視自己的生活方式。覺得自己毫無煩惱，等於只差一步就要掉進懸崖了。

口中說著「我沒有煩惱」，就像開著一台方向盤失去控制的車，必須在懸崖邊急轉彎。

或許有人會故作豁達地說「算了，反正每個人都會死」。

但一般人的想法是「我才不要過這樣的人生」。

因為人即使擁有巨富，過得再飛黃騰達，心底還是希望自己的人生能得到價值與意義。

我前面已經提過，我們現在所處的時代，即使聽到位居權力頂端的政治人物，對酒精成癮的傳聞也覺得是家常便飯。

原因可能是他們雖然獲得社會上的成功，卻對自己絕望了吧。

我想，以《活出意義來》*揚名立萬的精神科醫生弗蘭克*曾說的某句話，很值得現今的人們仔細思考。這句話是「成功與絕望同時並存」。

但是透過「無名戰士的話語」，「成功與絕望同時並存」這句話的正確性也再次得到驗證。

日本在經濟高度成長時期，教育國民要放眼全世界，努力開拓海外市場，是當時的時勢所需。

但是，日本現今的立足之地已經崩壞。與其跨足全球市場，教導生命該何去何從的教育，對下一代應該更有必要。

換言之，現在的教育應該以「充足與絕望」為主軸，而不是以弗蘭克所說的「成

*《活出意義來》（Man's Search for Meaning），一九四六年由弗蘭克撰寫，記錄了他在第二次世界大戰期間作為納粹集中營的囚犯的經歷，並描述了他的心理治療方式。

*維克多・弗蘭克（Viktor Frankl），一九〇五年～一九九七年，奧地利神經學家、精神病學家。是猶太人大屠殺的倖存者。

功與失敗」。

虛張聲勢並不是輕鬆的事，而且無法長久維持。我想日本差不多已經到了該放棄虛張聲勢過日子的時候了。

請大家不要再勉強自己。

一個飯糰的幸福

「有一個飯糰就很幸福」，這樣的人生很棒。

人要追求的不是權力，也不是財富或成功，而是只要一個飯糰就覺得幸福的人生。相信自我人生的意義與價值，只要有一個飯糰就覺得幸福。

奇怪的是，人即使不相信自己，也能獲得權力與財富。

我認為，比起掌握各種金融、股票的賺錢資訊，為了製作美味的飯糰，知道該去哪間店買好吃的米，這件事更加重要。

到了下午，能夠「享受一杯好茶」是何等的幸福。同時也有了繼續努力的動力。專程到飯店吃下午茶，是為了虛名，還是覺得飯店比較高級？若不懂得單純享受的美好，無法擁有燦爛人生。

當自己被公司裁員，內心要暗自決定「我再也不要和這間公司有任何瓜葛了」。為了被公司裁員而煩惱，也就是「人生在世」的證明。

痛苦的人不只有你，弘法大師空海也曾感到痛苦；尼采也曾感到痛苦；羅曼羅蘭也曾感到痛苦；托爾斯泰也曾感到痛苦。

假貨也會發光，但那只是鍍金的光。

那是不曾體驗煩惱的人所發的光。

煩惱的時候是重要的轉折點。

決定今後會繼續成長還是就此衰竭。
你是鍍金還是真金呢。
內在空洞的人，無法相信自己。

深耕心田的秘訣

維克多・弗蘭克曾說「以層次而言，苦難的意義超越勞動和愛情的意義」（出自《精神医学的人間像　フランクル著作集》日文版）。

不論是因為被公司裁員、不知如何照顧孩子、受到失敗的屈辱、失戀或者其他因素而感到煩惱，人都會在歷經煩惱的過程中成長。

苦難不只使人得到成長，也會在心中劃下深深的刻痕。

悔恨、悲傷等負面情緒，和喜悅、開心一樣，都是人為了成長所不可或缺的情緒。

當你感到痛苦，必須將之視為是一種深耕心田的方法。

也就是把它視為一種神給予自己的試煉，一種為了成長的試煉。

一路走來順遂、平步青雲，只會成為格局狹小的人。

如果一個人從不曾咬牙切齒的說「太可惜了，太不甘心」，有可能成為心靈富裕的人嗎。

一旦受挫，這樣的人馬上變得萬念俱灰，從此一蹶不振。唯有克服這股「萬念俱灰」的心情，重新站起來，才有可能成為心靈富裕的人。

內心世界所引起的波瀾萬丈，是用心生活的證明。

由成功所引發的各種正面效應，可以讓人活在沒有任何陰影之下。

光芒從四面八方而來，沒有容得下陰影的空間。

這樣的生活方式，沒有足跡和陰影存在的空間。

這樣的人終其一生，不過隨波逐流在榮光之中。

當人生的大限來臨，最後回顧自己的一生時，看不到一路走來的足跡。

找不到自己生存過的證據。

找不到生存的意義。

找不到生存的價值。

煩惱的你，人生充滿了大風大浪。

這點會為你的人生賦予價值與意義。

善於鑽營，獲得巨大財富的人，在人生中沒有經歷過大風大浪。

即使取得社會上的成功，最後也必然會死於自己的絕望。

雖然成功卻陷入絕望的人，沒有脫胎換骨的力量。

因為他們害怕褪去舊皮囊，在人前赤身裸體。

將痛苦視為「我正在改變」的過程

人生當中，某些時刻會讓人感覺「這是人生中最痛苦的事」。痛不欲生的事有時的確會發生，讓人每天都有如置身地獄。即使累得有如一灘爛泥，有時還是夜不成眠。這就是人活著必須面對的現實。

但是，處身於痛苦時，人必須將之視為「我現在正在改變」的過程。「讓自己盡情煩惱」，有時候會覺得這個世界是一片虛無。

如果能把世界視為無，心理負擔就會減輕。

如果你被公司裁員，要抱著「我會蛻變」的想法。

歷經苦難，會使人變得更美麗。

像樹葉一樣隨波逐流，和歷經蛻變的痛苦是兩回事。

受到眾人排擠，痛苦呻吟的你，現在正處於蛻變的過程。

讀了「無名戰士的話語」的你，開始相信自己。

成功不會拯救你，唯有信念才能。

「只要去做，必定能開創出一條道路」。只要讀了「無名戰士的話語」，一定能理解這一點。

請把握今天，活在當下。

第2章

不論何時，要相信的唯有自己

「我求主賜我健康來成就大事；
祂卻讓我遭遇疾病來完成更好的事。」

I asked for health,
that I might do greater things
I was given infirmity,
that I might do better thing⋯

將苦難化為助益

我們都同意「健康為萬事之本」，想成就偉大的事業，更應注意健康。但為了成就偉大事業而追求健康，這種人，在達到目的之前，反而常常因過度工作而損害健康。

這裡所說的「偉大的事業」的偉大，意思是為了滿足慾望方面的偉大。

「為了成就大事而祈求健康」這句話，如果把當事者換成企業人士，差不多等於「為了在社會上出人頭地而祈求健康」吧。

「為了成就大事而祈求健康」的人，即使一開始擁有健康的身體，大多也會因為過於努力工作而損害健康。因為出自想讓人刮目相看的心情，他們會不斷鞭策自己，努力工作。

他們努力的動機來自怨恨。不擇手段，將一切燃燒殆盡，只為求取功名，很容易產生這種心理。

所謂的「我求主賜我健康來成就大事；祂卻讓我遭遇疾病來完成更好的事」，依照我的解讀，人可能是生了什麼大病之後，赫然覺得以往過於敏感的自尊心，其實空虛又沒意義，因而懂得珍惜與家人和朋友之間的相處吧。

一旦真的生病了，希望得到健康的目的不再是做大事。因為失去健康的人，已經充分體會了健康的可貴。

不管是誰，生病都會受苦。但有些人能把這份苦化為助益，也有人卻剛好相反。若把這份苦化為助益，便能藉由病魔的折磨孕育美麗的心靈。若把痛苦化為負面能量，則會養成對健康者的嫉妒心。

過得幸福的人會抱著這樣的想法「生病雖然讓我受了很多苦，但現在回顧起來，真的是很寶貴的經驗。如果沒有歷經那場病的痛苦，就沒有現在的幸福了。」

因為拜這場病所賜，看清了許多至今沒看清楚的事。生病雖然痛苦，但如果能夠

「看清楚以往忽略的事」，就是不幸中的大幸。因為生病而看到以往沒看到的事，是一件了不起的事。

人就是在這樣的過程中，一點一點建立自己的幸福。

保持身體健康是每個人共同的願望。誰都不希望自己生病，每個人都希望自己能逃離病魔的魔掌。

但是，有時我們卻能夠從疾病得到一些收穫。

價值會隨著接受的方式改變

有些人生病，會很乾脆地接受自己生病的事實，適應生病的生活。但有些人採取逃避的態度，變得自暴自棄，或是變得憂鬱。

這兩種人看待疾病的方式截然不同。

弗蘭克說「從患者的角度來看，最重要的是對生病的心態，以及與疾病對抗的心態」（出自《精神医学的人間像　フランクル著作集》日文版）。

接受生病的事實，並且認命承受的人，與不肯面對生病事實的人，往後的人生價值與意義會變得不同。前者會覺得自己的內在變得更加充實，後者是陷入絕望。

換言之，決定逃避苦難，選擇得過且過，等於在做出選擇的同時，也捨棄了自我人生的意義與價值。

如果不願意忍耐，認為「反正現在都生病了，再想什麼也是白費工夫」，等於拋棄了自我人生的價值與意義。

弗蘭克說「苦難提供人們意義」（出處同前書），實在是至高無上的道理。

從這個立場來看，承受生病的苦難，堪稱身為人的最大價值。

承受自己的命運，其價值超越其他行為。

當人陷入煩惱時，會探究自己的內在，逐漸變得體貼且能夠讓別人有安全感。

相反的，大獲成功而志得意滿，便無法讓人覺得有安全感。

「忍耐、至少就面對自己真正的命運，所合理表現出煩惱的層面而言，忍耐本身就是一種行為——不，已經超越行為的層次。」（出處同前書）

這就是「我求主賜我健康來成就大事；祂卻讓我遭遇疾病來完成更好的事。」這句話的意思吧。能夠承受疾病本身，就是「更好的事」。

與幸福接軌的思考方式

如果真心希望掌握自我人生的意義與價值，得到幸福，就必須先墜入煩惱的深淵，並且忍耐。

煩惱的程度愈嚴重，表示你的人生的意義和價值也愈高。

這樣的思考方式，看在完全以「成功與失敗」為主軸生活的人眼中，「想必會覺得這是愚蠢無比的想法」（出處同前書）。

但是，若對這種想法嗤之以鼻，不屑一顧，會錯失真正的幸福。

最後，為了成就大事而追求權力、為了成就偉大事業而祈求健康、為了得到幸福而追求財富、為了得到世人讚賞而追求成功，如果無法如願以償，反而變得失落或產生怨恨，變得自暴自棄，開始墮落、向下沉淪的生活，終其一生都得不到心底真正渴求的人生價值與意義。

如果完全以「成功與失敗」為主軸思考，不論成功或失敗，在一生結束之前，一定無法感受到自我人生的價值與意義。

相反的，當權力、健康、財富和成功落空時，自己的心反而得到淨化，變得謙虛，能夠展現出智慧。若有這樣的想法，所有的願望將會被聽到。

在怨嘆「我為什麼非得受這種苦」之前，懂得把這份煩惱視為讓自我人生賦予價值與意義的機會很重要。

我想，這也會成為人生開悟的契機吧。

世上不存在沒有煩惱的人生，但若能領悟到煩惱的真諦，將會指引你走上幸福的康莊大道。

生病的體驗談

我自己從年輕就飽受疾病之苦。從學生時代開始，便因為慢性鼻竇炎而飽受折磨。因為鼻竇炎，我在準備升學考試期間，沒辦法專心於課業。在鼻竇炎的折磨之下，我根本無法專心讀書。

鼻竇炎的原因是鼻骨彎曲。為此，當時還在念高中的我接受了手術。雖然已事隔多年，但是當時對手術的恐懼仍記憶猶新。

手術一開始的時候，我嚇得完全不敢張開眼；進行了一會之後，我稍稍的張開眼，只見像刀子一樣的刃器往我的臉上刺，而且醫生好像拿著鐵鎚一樣的器具，咚咚咚的一直敲。他應該是在削掉我的鼻骨吧。

但是，即使歷經了如此恐怖的手術，我的鼻骨還是沒有變得筆直，所以鼻竇炎和其他鼻腔疾病仍未能痊癒。

我最近被診斷出嚴重的睡眠呼吸中止症。是一種在睡眠期間，暫停呼吸或呼吸減弱的症狀，會導致睡眠紊亂。除此之外，患者的睡眠品質也相當低落，即使睡眠時間比一般人長，還是無法消除疲勞。

總而言之，睡眠呼吸中止症的重症患者，即使睡了也沒有真正睡著，即使醒著也不是真正清醒。所以患者幾乎沒有日夜之別，生活作息也被打亂。就算外面是大白天，對患者可能還是半夜。即使起床了，也覺得筋疲力竭。因為晚上無法順利入睡，只能仰賴安眠藥的情況也不少見。

病發的重要原因之一是鼻骨彎曲。但我即使早在十幾歲就動了手術，但人的骨骼發育直到二十歲才完成，所以矯正了還是再度彎曲。

於是，我打算再動一次手術。但是和專攻睡眠呼吸中止症的醫生諮詢，醫生卻告訴我，手術的風險過高，要我打消念頭。

往前走，繼續過日子

總而言之，遇到睡眠呼吸中止症特別嚴重的時候，我所承受的痛苦與不便真的是筆墨難以形容。

我唯一能做的就是往前看，繼續走下去。同時告訴自己「我要活得不讓自己後悔」。

至今為止，我已受過不少肉體上的苦痛，但我認為之前吃過的苦都不是真正的苦。「不要焦急，唯一辦得到的就是做好自己能做的事」。這是我面對肉體上的苦痛所做出的回應。

如果能做好這樣的覺悟，眼前就會發生不可思議的事。

用弗蘭克的話來說，面對疾病時，只要體驗過「毫不掩飾地陷入苦難」，就會有一股彷彿獲得新生的感覺。

坦率的接受真實的命運，盡情為此煩惱，雖然依然要歷經苦難，但想法會產生改變，轉為「不論現在置身地獄還是其他糟糕的地方，我都要努力」。

想到「人生只有一次」，就能湧現力量繼續努力。

當你備受病魔折磨，若能坦然接受生病的事實，盡情為此煩惱，就會逐漸產生「問題正在解決」的念頭，化為「我要繼續加油」的動力。

不論是疾病或是其他打擊，請不要逃避，而是一肩扛起，鼓勵自己「繼續往前進」。告訴自己人生就是一連串的苦痛。如果不願意接受，唯一的出路是死亡。

但是，「含淚播種的，必能歡呼收割」。

不過，如果對象換成是身體健康，也獲得成功，卻不識人間疾苦滋味的膚淺之人，恐怕感受不到這份喜悅。

「無名戰士的話語」的有句話是「我求主賜我健康來成就大事；祂卻讓我遭遇疾病來完成更好的事」。

他的目標應該就是成為「像堅韌的薺菜一樣，即使一再遭到踐踏也不會枯萎」吧。

滿足於真實的自己

《安徒生童話集》中有一篇題為「雛菊」的故事。

鄉間路旁矗立了一間別墅。庭院裡種著花。附近的溝渠長著雛菊。

「雛菊從未怨天尤人，它從沒想過根本不會有人把目光停留在隱身於草叢裡的自己，也沒想過自己只是外表不起眼的野花。

有一天，當它像平常一樣，抬頭仰望溫暖的太陽時，耳邊傳來響徹雲霄的雲雀歌聲。」（出自《安徒生童話集》）

雛菊的心理，處於自我滿足的狀態。

雛菊沒有開口抱怨不公平，並不是因為它拼命忍耐。有些人其實滿腹牢騷，只是壓抑自己，不敢表現出來，但雛菊不是這樣，它對現況感到滿足，所以不需要抱怨不公平。

雛菊很滿足於當下作自己。因為自己現在待在這裡，才聽得到雲雀的歌聲。自己現在能夠待在這裡，所以才得到幸福。但並不是聽到雲雀的歌聲，才產生「我覺得是這樣」的念頭，想要讓自己變得幸福。

此時此刻的自己，能夠在這裡當一朵雛菊就是幸福。

雛菊沒有成就大事，算不上健康，也沒有財富，更不可能成為人們欣賞的對象。可說是標準的「一事無成」。

但是，這「一事無成」的自己卻已讓自己感到滿足。一個人若是想得到幸福，很重要的一點是以何種態度面對「一事無成」的自己。

因為那樣的態度中，隱藏著「賦予一個人最後的價值可能性」（出自《神経症フランクル著作集》日文版）。

雛菊坦然接受自我的故事

一個人的人生價值是否能夠實現，取決於當事者以何種態度面對天生註定的命運。這點被弗蘭克稱之為「態度的價值」。

像雛菊一樣的人，對自己的人生賦予了最高的價值。因為像雛菊的人，能夠抱著一種想法：「當我所求看似一無所獲，卻意外地得到一切所期盼的」。

雛菊的感受是「我是最富足且最蒙祝福」。

當然，如果正確解釋弗蘭克的想法，「抬頭仰望溫暖的太陽時，耳邊傳來響徹雲霄的雲雀歌聲」的雛菊，也算是實現了「經驗的價值」。

弗蘭克把價值分為：創造的價值（creative values）、經驗的價值（experiential values）、態度的價值（attitudinal values）三種。

創造的價值，是透過工作以實現個人價值的「勞動人」；經驗的價值，是藉由對世界的接納與感受，實現「愛自己，同時充實人生意義的人」；態度的價值，是當個人面對無法改變的命運，如罪惡、死亡或痛苦的逼迫，所決定採取的態度，屬於「煩惱人」。

雛菊藉由「抬頭仰望溫暖的太陽，耳邊傳來響徹雲霄的雲雀歌聲」，達到「充實自我人生的意義」。

如果雛菊感到不滿，即使聽到雲雀的歌聲，也不會感到心情愉快。

如果雛菊自己瞧不起自己，「抬頭仰望溫暖的太陽時」，應該會變得怨恨自己的人生，而「變得鬱鬱寡歡」。

世上有許多人「穿著綾羅綢緞，卻還是愁眉不展」。

和雛菊的生長環境不同，生長在別墅庭院裡的花朵，又是如何呢。

「木頭柵欄裡開著許多自視甚高、氣焰囂張的花朵。香氣愈弱的花，態度愈是高傲。芍藥為了讓自己的花開得比玫瑰大，不斷的擴展。但是，花不是開得愈大就愈好，鬱金香的顏色最美。它自己對這點也心知肚明。為了吸引眾人的目光，它拼命抬頭挺胸。開在柵欄外的小雛菊，大夥兒瞧都不瞧一眼。」（出自《安徒生童話集》）

這些花都沒有接納自己，都是「為了成就大事而祈求被賜予力量」。

追求他人認同只會愈來愈辛苦

雖然這些花都很有魅力，但是每一種都處於苦難的狀態。不論是鬱金香、芍藥或玫瑰，全都活得很辛苦。

這群花沒有得到滿足。它們必須挺直著背脊，所以活得很辛苦。

它們開花的目的，是為了聽到別人的驚呼「哇、好美啊」。

因為自己感受不到自己的價值，才希望自己的價值得到周圍的認同。有人突然發大財，聽到別人說「你好厲害啊」便有種優越感，這是同樣的心理。如此一來，已經很有錢卻還是不滿足，希望自己變得「更有錢」。因為他的滿足感來自於受到他人的認同、稱讚，因此永遠不會覺得滿足，這也意味著他會變得愈來愈辛苦。

同樣的道理，這些花朵們每天都過得很辛苦。聽到別人讚美「哇，好厲害」的瞬間，雖然覺得很開心，其實對自己造成的傷害更大。

這些人受到的傷害愈來愈大，而且胃口也愈來愈大，只要沒聽到別人說「你好棒」，就失去生命的動力。

為了受到眾人注目而活是多麼辛苦的事，從這些花朵的身上已經看得很清楚。鬱金香還是芍藥或玫瑰，都是「為了成就大事而祈求力量，為了幸福而追求財富，為了得到世人的讚賞而追求成功」的花。

若把這些花比喻成人，這些人就是雖然獲得成功，人生卻陷入絕望的人。即使獲得成功，也絲毫沒有成就感。

心靈豐富充實，會吸引同樣的人靠近

當美麗的鳥兒造訪鬱金香、芍藥、玫瑰，雛菊有感而發。

它想，能夠就近欣賞到這些美麗的花是多麼難能可貴啊。

意外的是，雲雀並沒有駐足停留在那些美麗花兒的身邊，而是飛向雛菊，為它獻唱。

人和雲雀一樣。當我們拖著筋疲力竭的身軀想尋求療癒，不會接近名人或有權有勢的人。

但是，想要變得幸福和追求財富的人卻弄錯這一點。他們以為只要自己得到了財富和權力，就會吸引別人接近。其實剛好相反。

為了讓人對自己另眼相看而追求成功時，即使成功，也會引起周圍的反感。

出於「為了讓人對我另眼相看」的動機，而努力獲得成功，當事者等於邁入了通往孤獨和不幸的道路。

人最終的歸宿是心靈豐富充實的人。也就是滿足於現狀的雛菊。

擁有財富和權力的人，即使身邊聚集了人潮，但只要財富與權力不再，眾人也跟著鳥獸散，不會繼續跟隨。因為他們跟隨的並不是這個人本身。

「小鳥圍繞著雛菊跳舞，一邊唱著歌。

溫柔的雛菊啊！

甜美的小花！

鐘聲敲在心坎裡！

身上穿的是銀白衣裳！

小鳥這麼一唱，結果雛菊的黃色花心，果真像金子一樣閃著點點金光，旁邊的小花瓣則閃著銀光。」（出自《安徒生童話集》）

這是全力以赴，認真生活的人才會散發的美麗。若能打從心底感到幸福，會湧出力量，滲透到全身每個角落。

這種力量和為了報復的力量完全不同。

雛菊雖然沒有財富也沒有力量，更談不上成功，卻成為「意外得到一切所期盼的」的象徵。

也因為如此，雛菊才稱得上是「最富足且最蒙祝福」的存在。

相信自己便擁有謙虛的心

但是，把一切都看在眼裡的鬱金香卻覺得深受傷害；於是，它把身軀挺得比以前更筆直。芍藥也覺得受到傷害；它也鼓足了勁，拼命展現自己。

為了得到世人的讚賞而追求成功，即使獲得成功，也得不到夢寐以求的讚賞。所以他們覺得自己受傷了。

就像覺得大受打擊的鬱金香一樣，他們會變得更裝模作樣。接著追求更大的成功，不斷炫耀自己。

企圖利用高人一等的感覺以消除煩惱，會引起周圍的反感。就像花了好幾百萬購買貂皮大衣一樣。天氣明明不冷，卻硬是穿出來炫耀，只會引起別人的側目與反感。

鬱金香無法相信自己，才會變得高傲。信得過自己的人會變得謙虛。

人如果缺乏自信，需要得到別人的讚賞和肯定，才能感受到自己的價值。為了讓自己看起來更了不起，他們很執著要達到超過自己能力範圍的成就。

鬱金香也和芍藥都覺得很不開心。

這時，剛好有一位少女來到別墅。她先剪下了一支鬱金香，接著又剪了一支。看著鬱金香的大限到來，雛菊滿心驚恐。

就像有錢就能得到幸福的定義並不正確一樣，並不是獲得成功，就會受到尊敬。即使不向人誇耀「我今天晚上要喝香檳」，謙虛的人也會得到尊敬。但是，會講出這種話的人，卻以為自己如果不這麼說，就不會受到尊敬。

希望得到認同，卻事與願違的時候，有些人忍不住開始炫耀自己，例如告訴別人「我今晚要開香檳」。但是炫耀自己只會使別人加深對你的反感。

但本人卻渾然不覺自己的虛張聲勢，這樣周圍只會對自己的反感愈來愈深。

活得像自己才能得到幸福

擁有自己，能夠活得像自己的人，能夠「最富足且最蒙祝福」。

美國的心理學家謝布里（David Seabury）曾寫一篇有關夜鶯和天鵝的故事。

夜鶯的叫聲非常優美。天鵝的姿態雖美，但發不出優美的叫聲。

對天鵝而言，能夠當隻天鵝是最棒的選擇；而對夜鶯而言，當隻夜鶯是最好的選擇。

有些人明明是天鵝，卻因無法如願成為夜鶯而傷心難過；相反的，有些人明明是天鵝，而且大家也期望他成為天鵝，他卻努力想成為夜鶯，或者希望被別人認為自己是夜鶯，而不斷與世界抗爭，最後落得人生不幸。

身為天鵝，而且能確實扮演好天鵝角色；或者是身為夜鶯，也忠實扮演好夜鶯角色，這樣的人，自然能受到眾人仰慕。

相對的，無法受到眾人景仰的對象，就是身為天鵝卻把自己當作夜鶯；或者明明身為夜鶯，卻想要成為天鵝。

這樣的人不論實際上身為天鵝或夜鶯，都註定得不到眾人的景仰。

第3章

金錢無法帶來幸福

「我求主賜我財富而快樂；
祂卻使我一貧如洗而充滿睿智。」

I asked for riches,
that I might be happy.
I was given poverty,
that I might be wise…

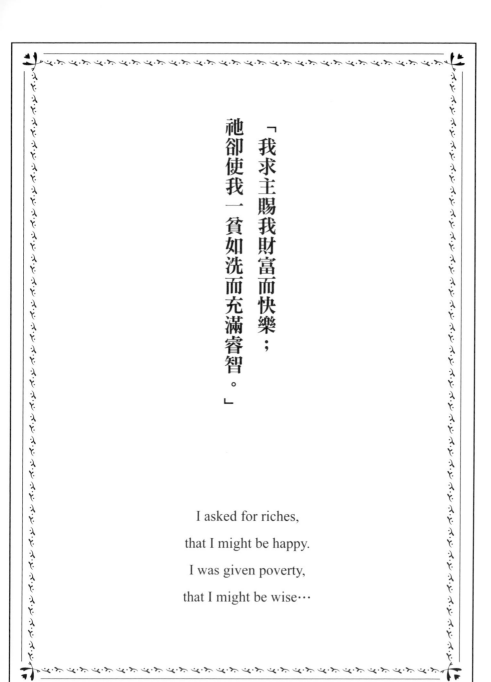

貧窮並不是不幸

我要表達的意思並非貧窮是件好事。而是想提醒各位，「無名戰士的話語」已經告訴我們，人必須接受自己貧窮的事實。

所謂接受自己貧窮，具體而言是什麼呢？

家裡很窮。

買不起好的床墊。

只能睡在像仙貝一樣又薄又硬梆梆的床墊。

可是，媽媽在床墊上鋪了上過漿的床單。

晚上睡覺時躺在上面，就聞到一股媽媽的味道。

窗外傳來鈴蟲的叫聲。
我在晝短夜長的秋天打著瞌睡。
秋風瑟瑟吹起。
媽媽又拿出沒有收起來的夏用涼被，
悄悄幫我蓋上。
感覺媽媽正在幫我蓋被的同時，我也進入了深沉的夢鄉。

沒有歷經這種成長過程的人，
長大成人之後，
會汲汲於功名與財富。

沒有歷經這種成長過程的人，
長大成人之後，
只能憑藉著優越感讓自己安心。

——《やすらぎの法則》（怡然自得的法則）日文版／加藤諦三著

正面迎接困難的能量

我曾聽過這樣的小故事。

有個病人放著某間知名飯店的主廚精心製作的粥不吃，唯獨鍾情於自己母親做的稀飯。

他大概是從那碗稀飯，再次體驗到小時候母親對自己無微不至的呵護吧。或許他也從那碗稀飯，感受到母愛吧。

吃飯時，產生「沒錯，這個味道和媽媽以前煮的一模一樣」，進而對亡母產生思念之情，這種情感會化為一股讓人面對困難時，能夠勇於面對的力量。

小時候，吃著媽媽已先剔掉魚刺的魚長大，這樣的孩子，以後長大吃魚，也會想起媽媽。

孩子吃飯吃得津津有味，表示他置身在無憂無慮的安穩環境。日後，這些都會化為他心靈的養分。透過「吃」來培育孩子的心靈。

吃秋刀魚的時候，媽媽總是說「我幫你把魚骨拿出來喔」。接著又說「魚骨對身體很好，所以煮得軟一點就能吃了」。

小時候，如果能在這樣的叮嚀下吃飯，長大後每次遇到困難，就會想到媽媽。能夠這麼活著，就是達到所謂的「我求主賜我財富而快樂；祂卻使我一貧如洗而充滿睿智」。

絕對不是只要貧窮就是好事。

所謂的「使我一貧如洗而充滿睿智」，正是許多以為一定要提供高級的副食品，才能讓孩子發育成長的母親們，應該引以為戒的一句話。

外食吃一個星期就膩了。但是吃媽媽做的料理，幾十年都不會膩。

沒有錢並不是大不了的事

有個孩子回到家後，唱著在學校學到的一首有關金龜子的歌。

「金龜子是大富翁，蓋了金庫也蓋了倉庫」。

沒想到孩子的歌聲卻引來父親勃然大怒。父親可能以為孩子是在諷刺他不會賺錢吧。

父親做出這種舉動，等於認同「有錢人俗不可耐，都很市儈」的想法。這位父親無法克服自己的辛酸。孩子的歌聲，反而刺激到他敏感的自尊心。

所謂的「接受不幸」，也就是能夠向孩子坦承「爸爸沒有錢」的事實。這也是「使我一貧如洗而充滿睿智」的意義吧。

這位父親一心只想著自己要出人頭地，沒想過要和周圍的人保持融洽的關係。

這位父親不喜歡身邊的人，對自己的家人也沒有好感。聽說這位父親都不會對人打招呼。

如果猴子不和自己的同伴打招呼，據說會被其他猴子排擠。最後，被其他猴子排擠的猴子，也漸漸不知道自己是猴子了。

陷入困難時，人要想的不是自己一個人獲得成功，而是要站在生命的基台「思考」。人和生命的基台是共同體。只有自己贏得勝利並不可取。

如果覺得自己得勝就好，表示你已經把自己的價值觀放在金錢上了。

有智慧的人不會被金錢束縛

我認為人們之所以為錢煩惱，問題出在他們對金錢的價值觀。他們認為自己四十歲時擁有的財產，到了九十歲時仍擁有一樣的價值。

會有這種想法，是因為他們把金錢本身視為有價值之物。

原本人如果活到九十歲，即使擁有巨大的財富，花錢的機會也相當有限，所以再有錢，也沒有太大的用途。就算擁有百億元的財富也沒有太大的意義。

但是，人之所以會追求超過必要的財富，原因恐怕是為了排遣日常生活中的空虛無聊吧。

所以他們想靠著金錢，消除欲求不滿的心情。因為如此，即使是年薪高達數百億日圓的人，也可能落得半夜跑路的下場。

不論賺了再多的錢，也無法滿足追求人生意義與價值的欲求，所以這些人永遠不滿足，還要「追求更多」。

一旦成為有錢人，存在的欲求便能得到滿足。但是，這些實質的欲求無法滿足人對人生意義與價值的追求。

為了得到幸福而追求財富，本身就是錯誤的行為。財富的獲得，應該只是努力讓自己的人生變得有價值與有意義的附加產物。

購物的樂趣在於考慮斟酌，精挑細選。但是，某些有錢人卻在購物時，會指示店員「把整排給我包起來」。

這樣的購物方式實在毫無樂趣可言。等於是用錢失去了購物的樂趣。

某一種「貧窮」指的不是金錢上的貧窮，而是心靈上的。

舉例來說，有一位富商，以前都花一萬元吃一餐，現在卻只有一千元可以花，這就是一種貧窮。

平常不愁吃穿的普通人，單純在虛榮心的作祟下，想到高級餐廳吃飯卻又吃不起，這也是一種貧窮。

但是，自己在家煮飯，用實惠的價格煮一頓營養豐富的餐點。這是貧窮嗎？當然不。

學習「生活方式的哲學」從貧乏中解脫

想成為有錢人，卻只能搭公車，怨嘆這件事，這種情形就是貧窮。

雖然沒錢搭計程車，只能搭公車，卻絲毫不以為苦，開開心心搭公車，這樣的人卻是幸福的。

能夠想著「我每天都能搭公車，真好」，這樣的人也很幸福。

這些事歸屬於貧窮兩個字的範圍，令人感覺很不自然，解釋起來也很奇怪。原因在於有些事不適合用貧窮來解釋。

貧窮這兩個字，已包含了所有的解釋。

「我求主賜我財富而快樂；祂卻使我一貧如洗使我充滿睿智」，這句話所指的睿智，就是感謝自己能度過每一天。

這也是為什麼「無名戰士的話語」會說「我是眾人之中，最富足且最蒙祝福的那位」。

所謂的「睿智」，就是「表現得像自己」。
睿智的生活方式，就是活得像自己的生活方式。
活得像自己的人，不管身上有沒有錢，都會感謝自己能度過每一天。
而所謂的愚蠢的生活方式，就是想讓自己顯得高人一等的生活方式。

哪怕僅是皮毛，我們也應該多少學點哲學，而且目的是讓心靈變得舒坦的「生活方式的哲學」。
各位是否想過自己的世界該如何建構。
所謂的「捨棄和放棄」是怎麼一回事呢。
我們如何在音樂中尋覓生命的喜悅呢。
遊戲是智慧的寶庫。但我們應該怎麼玩？

我們與社會該如何保持恰到好處的連繫，與他人該如何維持共存共榮的關係呢？

為了活出人生的況味，為了度過愉快的時光，飲食文化方面又該如何維護呢？

我們該如何度過一天的時光呢？

所謂走路的哲學又是什麼呢。你真的知道散步是什麼嗎。哲學家都是利用散步的時候思考。

這些「生活方式的哲學」都是我們該學習的課題。

活得有智慧，願望就會實現

只要每天活得充滿智慧，願望就能實現。

只要對自己的人生，抱著能夠賦予價值與意義的遠大願景，願望就能實現。

人雖然是利己主義者，但卻會追尋自我人生的意義。

因為抱著利己的想法，才會為了得到幸福而追求財富。從人性來看，這是完全可以理解的行為。

但追求財富，畢竟是出於私慾。虛榮心強的人，以為只要有錢就能得到幸福。然而在追求「財富」的過程中，這些人卻遺失了最重要的「心」。即使擁有了萬貫家財，卻還是得不到幸福，只感覺到深深的寂寞。

若總是按照一己私慾行動，註定得不到幸福。問題出在自己錯誤的心態，誤以為「只要這麼做就會得到幸福」。

這時候的心，已經完全被私慾佔領。

但是，每個人的心底都潛藏著追求人生意義的渴望。如果忽略這項欲求，就無法獲得真正的幸福。

我在寫這本書的時候，剛好爆發一件醜聞，號稱是全球首富的人，因為涉嫌違反證券交易法而遭到逮捕。

電視和新聞報導的可信度有多少我不知道，唯一可以確定的是，他為了管理自己的財產而心力交瘁，也無所不用其極的保護自己的資產。然後，他最後卻因此而身陷囹圄。

因為有價證券報告書的記錄是偽造的，想必他在持有財產期間，也就是繼承了父親的遺產之後，每天都提心吊膽，忐忑不安。

他因為金錢而失去了自由。不對，正確說法是他為了變得更有錢而失去自由。自從有了錢，他肯定沒有度過一天安寧的日子。

在守護這些財產的時候，或許他是抱著這樣的信念「這些財產從父親那一代開始，不知道花了多少歲月才累積而來的啊」，所以不斷堅持。

最後，他在自家飯店的總統套房遭到逮捕。

這位遭到逮捕的前全球首富的弟弟，曾在專訪（日本《每日新聞》二〇〇五年三月十一日早報）中提到「他是個很可憐的人，直到最後都是一個人」。

雖然報紙的標題大大寫著「哥哥直到最後都是一個人」，但是在專訪中，弟弟用的措辭是「他」，而不是「哥哥」。

如果他抱著「即使窮到只剩下一根釘子也覺得幸福」的心，我相信他的人生一定大不相同。

不論開發多麼豪華的度假村，他恐怕也絲毫感受不到「我終於完成這件事」的成就感吧。他滿腦子只想著「這樣可以賺多少錢」。

他個人的私慾或許已得到滿足，但是「追求人生意義的欲求」，卻一定沒有得到滿足。

心靈獲得滿足，就不會被金錢玩弄於股掌之間

不必等到弗蘭克告訴我們，我們每個人對自己活在這個世界上這件事，都會尋求意義與價值。

這位首富之所以對金錢如此執著，難道不是出於對自己空虛的人生，所感到的不安嗎？

對於自我存在的空虛感，他一定很害怕直接面對。因為很害怕，所以對心底的聲

音置若罔聞。他為了忽略這種空虛感而讓自己有事可忙，也想藉由忙碌讓自己名利雙收。

其實他老早就已經名利雙收。但是，他之所以汲汲於名譽，難道不是為了填補內心的空虛嗎？

雖然號稱是全世界最有錢的企業家，但是他的行為，和為了錢什麼事都做得出來的罪犯沒有兩樣。

我甚至認為這個曾為世界首富的人，倒不如遭受欺騙而失去全部身家，對他而言反而比較幸福。因為被騙的悔恨雖然很難消除，但起碼再也不用感到不安。

只要擁有龐大的資產，就無法擺脫可能會失去財產的不安。以這位前全球首富的情況而言，他的不安就是不知有價證券報告的造假何時會被揭發。

雖然都是負面情緒，但恨意總比不安來得好一點。

如果想追尋安逸的人生，一切如願以償，最有效的辦法就是捨棄一切慾望，變得身無分文。

如此一來，人生會變得很輕鬆。換句話說，當人失去所有的財產，其實只要告訴自己「已卸下重擔」就好了。

但是，曾經坐擁財富的人，和我們一般人是截然不同的兩種人。

一九八〇年代是日本泡沫經濟的高峰期。當時的我們，每個人都殺紅了眼、拼命賺錢。從泡沫經濟我們可以知道一件事，也就是日本人的心靈並沒有獲得滿足。

因為心靈獲得滿足的人，不需要瘋狂賺錢。

日本在第二次世界大戰之後，追求經濟繁榮成為舉國上下的當務之急，但有許多人也為了追求個人的經濟發展而沖昏了頭。

承認苦惱的存在，追求自己人生的價值與意義才更重要這件事，已被大家遺忘。換言之，日本人對自己的人生已經失去了自豪之處。取而代之的是，只對獲得經濟上成功的人另眼相待。於是，經濟上的敗者，註定陷入絕望，變得一蹶不振。

在我寫這本書的同時，新聞報導的內容也依然傳遞出同樣的價值觀。唯有金錢遊戲的勝利者可以登上頭版，享有大篇幅的報導。而且，這些金錢遊戲的獲勝者不但被視為英雄，也被年輕人當作值得崇拜的偶像。

寫著本書的同時，我衷心期盼著日本的發展不會變得更荒腔走板了。

我打從心底盼望著「無名戰士的話語」，能夠成為喚醒人類的契機。

與其住在骯髒的豪宅，不如選擇地板擦得發亮的小公寓

泡沫經濟時期，每個人都害怕自己無法獲得經濟上的成功。價值觀也出現偏差，把賺錢擺在第一位。

有位富豪曾在電視節目中公開自己的豪宅。據說，他家使用的肥皂，居然要價日幣五十萬。

之後的訪談，也不斷圍繞在「這個多少錢、那個多少錢」。

但是我看著那個人，我發現「他並不喜歡自己的家」。我認為「不喜歡自己的家」，對一個人來說是「不幸的事」。

這個發現讓我回想起小時候唱過的一首歌——「黏土之家」（原曲為英格蘭民謠Home Sweet Home，中文譯為甜蜜的家庭）。即使住的是豪宅，但是對住在裡面的人來說，卻不是可以放鬆的安樂窩。

原因在於，這棟豪宅是用錢堆砌出來，而不是花時間一點一滴打造出來的。那棟豪宅裡，沒有花了十年才一一就定位的廚房用品，無法成為讓人安穩放鬆的避風港。房子裡的用品，每一樣都是急就章，都是一次砸下大筆金錢所添購而來。

連貓咪戴的項圈，據說都要價日幣三百萬。

難道他真的這麼寶貝貓咪嗎？當然不是。

連肥皂都要價日幣五十萬的家，沒有歷經漫長的歲月，而是在短時間用金錢堆砌而成。住在裡面的人，無法體會一點一點打造一個專屬全家人的安樂窩的樂趣。和價值上億的骯髒豪宅相比，我寧可住在地板擦得發亮的便宜小房子。

聽說有另一位富豪，雖然也是住在佔地遼闊的豪宅裡，但他本人卻是睡在廁所旁邊。可能是因為年紀大了，上廁所的次數變得很頻繁吧。所以，儘管他住在大房子裡，

卻只能使用廁所那麼狹小的空間。

而且不幸的是，從他身上也察覺不到「喜歡自己的家」的感覺。

請各位試著想想看。蓋了一棟大房子，再擺上足以向人炫耀的家具。但是，這些並不是方便人上了年紀所使用的家具。也沒有方便自己使用的愛用餐具。

家中的用品和擺設，都只是為了讓人脫口而出「哇、好棒喔」的豪華之物，缺乏日常生活的感覺。

需要聽到別人說「哇、好棒喔」，否則心裡就覺得不舒坦的情況，即使上了年紀依然不變。理由是這些人其實活得很空虛。

年輕時，覺得家裡要有一百坪才夠寬敞，可是到了六十歲，只要三十坪就夠了。至於到了八十歲，只要十坪就好了。

欲求能夠隨著年齡增長而逐漸縮小的人很幸福。

想把自己的家當作展示間或向人炫耀，或許是種不幸。一個人若是淪落到一定要向別人炫耀才能獲得滿足，當然是不幸的事。

滿口都是我有多少錢、我有幾棟房子，這樣的人實在可悲。

勿把金錢當作人生目的

接著我再舉另外一個例子。有個人的家裡裝著金碧輝煌的吊燈。但是如果你問他「你喜歡家裡掛吊燈嗎？」他的回答卻又是否定的。

不是砸大錢買奢侈品，人就會覺得滿足。

因為覺得不滿足，人才會想過得奢華。因為不滿足，才會蓋豪宅、裝上水晶吊燈。庭院裡也養著昂貴的牧羊犬，但是要是有人問他「你喜歡狗嗎？」他又說不喜歡。

不論買衣服或是其他東西，這種人大概不曾體會「這樣東西讓我覺得很中意」的感覺吧。

有些人的人生目的是追求金錢。

有了錢，的確能在很多場合吃得開，但相對的，要處處嚴防那些為了獲得金錢或好處、居心不良的小人主動靠近。

把賺錢視為人生目的，生活中唯一的目標就是存錢。

如果有機會到這些有錢人的家裡，你可能會發現一件事。他們在別人面前拿出來的手帕或許很乾淨，但家裡專用的擦手巾卻很骯髒。明明擦手巾髒了都不換，但是太太連出去倒垃圾，卻要精心打扮一番才出門。

這樣的描述是否也很貼切第二次世界大戰之後的日本呢。現在的日本，可說處於嚴重失衡的狀態。

在商場上呼風喚雨的強人為憂鬱症所苦，母親因為育兒而陷入憂鬱，父親苦於酒精中毒或賭博成癮，以及年輕人變成足不出戶的繭居族或啃老族，年幼的孩子苦於被父母虐待，在這些時候，日本政府最在意的，卻是如何成為聯合國的常任理事國。

這樣的作法已經完全脫離常軌了。

弗蘭克所說的「成功和絕望同時並存」這句話，是否值得現在的日本重新思量呢。

他們每天忙著賺錢，存款也不斷增加，殊不知內心已債台高築。他們最終只能面對內心嚴重的欲求不滿。

今天的日本，不論是經濟上的勝者還是敗者，都覺得自己已陷入絕望。國家的當務之急應該是整頓國民的心理健康建設，但是其必要性卻尚未受到重視。

有些人做菜時不講究順序，所以手忙腳亂，不知道自己到底煮的是什麼。對於自己該做什麼，若不是胸有成竹，動作會變得緩慢。

腳踏實地賺錢最好

即使身上沒有錢，只要身邊沒有討厭的人，就是幸福。

有個人曾說「以前我有錢的時候，總覺得心情亂糟糟，沒辦法穩定下來」。原因在於，人為了錢，只能強迫自己迎合有錢人，即使再討厭對方也一樣。

當他終於想通「人只要能餬口飯吃不就夠了嗎。即使賺再多錢，死後也帶不走」，臉上開始出現充滿活力的笑容。

他現在想法是「只要工作就會有錢。我現在和以前不一樣了，即使吃虧了也不難過。即使蒙受了損失，也無損我的好心情」。

因為他說「如果有討厭的人在我旁邊，就算有錢也覺得不安」。

即使錢多到數不完，也有可能變得不幸。

人如果一下子變得很有錢，會吸引很多居心不良的人。這點會成為人際關係方面的隱憂。

因為這個一夜致富的人會不斷受到周圍的追捧與討好。自己如果不提高警覺，很容易錯把這些人當成「好人」。

所以，「為了得到安慰」而受騙上當的情況很容易發生。受傷的心靈，唯有靠自己想辦法癒合。

即使口袋沒錢，但憑著自己努力工作而得到收入，會顯得神采奕奕。一個人如果賺的不是點滴累積的辛苦錢，註定走向破滅。

錢只要夠用就好。只擁有剛好夠用的錢，可以讓你活得像個真正的人。

有些人和大地一起呼吸，一起生活。

比起為了賺錢忍氣吞聲，看討厭的人臉色，這是截然不同的生活方式。

薪水少並不是丟臉的事。

沒有老實工作才應該覺得可恥。

有位老字號的酒鋪老闆因為營業額縮水而唉聲嘆氣。

營業額的減少讓他覺得自己很不幸。但他從來沒想過，還有營業額是一件多麼幸福的事。

但他沒辦法這麼想。因為他的內心已被慾望佔據。

和美女、財富相比，擁有生命的活力更為重要。

各位不要想著何時會死的問題，請把精神專注在「要怎麼度過今天這一天」。即使到了晚上忍不住還是要掉眼淚，但只要白天打起精神好好過，一定會有好事發生。

只要還有思考今天要怎麼過的力氣，財富對你而言就是多餘之物了。

第4章

多次失敗的經驗，會讓人變得幸福

「我求主賜我權柄受人讚賞；
祂卻使我軟弱學習尋求祂。」

I asked for power,

that I might have the praise of men

I was given weakness,

that I might feel the need of God⋯

心靈的交流會帶來滿足感

許多人完全在不了解，美國和日本是截然不同的兩個國家，在此前提下，一再強調「接下來是成果主義的時代」。

許多人完全在不了解，美國人和日本人的特質截然不同，在此前提下，公然宣稱日本經濟必須搭上全球化的列車。日本社會也分為勝利組和失敗組兩類。

摧毀在世界引以為傲的日本文化，以美式的經營模式取而代之，被許多人視為先進的做法。

日本現在的做法相當於硬是把良駒當作山豬飼養，卻不知這麼做只會慢慢扼殺良駒的生命。

現在的日本分成對比分明的兩類；一邊是變得愈來愈無精打采，另一邊是對權力、財富和成功的慾望不斷膨脹。不變的是，不論勝利組或失敗組都會變得不幸。所謂的膨脹就是沒有接觸交流而只有慾望。欠缺慾望以外的部分就是所謂慾望的膨脹。

慾望膨脹的人，渴望得到人生的一切。以這種方式生活，自以為這種方式會受到別人的肯定。不論獲得再大的成功，若心靈沒有和別人交流，不可能獲得幸福。心靈的交流意味著人生的價值，能夠帶來充實感。

弗蘭克曾說「成功與絕望」並不矛盾。他的意思應該是，有些人雖然獲得成功，卻失去與其他人心靈交流的機會。

一味追求名聲的痛苦

有些人像得到強迫症似的，一味追求名聲，他們其實也是心靈受過創傷的孤獨之人。他們恐懼再次遭到傷害，所以沒辦法喜歡上別人。

孤獨與空虛，就像一個銅板的正面與背面。

有人一味追求名聲，因而不願意和一般人一樣，光顧平價的拉麵店。他們是那種只要踏進高級餐廳，也不管自己到底付不付得起，一定先吃再說的類型。

因為他們不知道什麼是心靈交流，覺得自己在高級餐廳享用大餐時得到療癒。他們企圖把名聲和權力當作治療心靈創傷的靈藥。因為傷口會痛，所以他們不得不這麼做。

無法克制自己，不斷追求名聲，這種人是基於內心「幫我治療傷口」的呼喚而採取行動。換言之，他們的內心正因為受傷而感到疼痛。

肉體如果遭受嚴重的創傷，可以呼叫救護車緊急就醫。救護車即使不遵守交通號誌也不會出車禍。心靈的創傷同樣，如果是嚴重的心理創傷，必須立刻送醫才行。但是心理的創傷眼睛看不到，所以沒有人會替你叫救護車。

不由自主似的不斷追逐名聲的行動，就像自己開著車想要硬闖紅燈。闖紅燈的下場當然是發生車禍。換句話說，也就是在現實世界中受挫。

與人互動可以消除煩惱

接下來我要舉的這個例子已經是發生在好幾年前的事了。當時有個人從某個私鐵車站的月台，一躍而下。這個自殺的人已婚，還有兩個女兒。

就旁人的眼光看來，他們家是個備受老天眷顧，過得豐衣足食的家庭。先生畢業於知名的大學，任職於知名的大企業。也曾經接受派駐在英國等海外各地，可說是從小踏著成功的捷徑一路長大成人。

但是，他的朋友在接受當時的某週刊訪談時，曾經表示「不論和他交情再好的朋友，都沒辦法踏入他心中的某塊禁區」。

他應該也是無法與人進行心靈交流的一份子吧。

即使走上了「成功的捷徑」，若是無法與人產生真正的互動，內心的煩惱只會有增無減。只有能夠用心和人交流，才能靠著心靈的交流消除自己的煩惱。

即使失敗，但靠著心靈交流，就能激發重新出發的力量。

我想，一路走在「通往成功捷徑」的他，可能苦於找不到一個可以向他傾訴「活著真辛苦」的對象吧。

一般人並不會排斥向親近的人吐苦水。相對的，如果發生了什麼好事或值得炫耀的事，也不吝於分享。不論是訴苦還是自誇，都是心靈的交流。

對於自己做過的、走過的，人會想要追蹤其足跡。不論是自誇還是吐苦水，都是自己走過的足跡。如果找不到可以與之分享的對象，人會變得很在意第三者對己的看法，也會介意失敗的自己在別人眼中的形象。

如果他們在失敗或遭遇挫折時，有一個可以暢所欲言，盡情訴苦的對象，想必人生將大為不同吧。

如果有一個對象，可以讓自己毫無顧忌，放心對他傾訴「唉，我又搞砸了」，或許就能挺住生活的辛酸。

相反地，無法向別人啟齒自己弱點，也沒辦法活得隨心所欲。如果能夠向人傾訴，就能夠產生全新的力量，如果不找人傾訴，不安的心情會愈來愈深。

孩子如果和父母保持良好的互動，即使考試成績不盡理想，也會坦誠相告，不會試圖隱瞞。最重要的是長大後會成為有自信的人。這點是根據美國社會學家基爾瑪魯欽做的調查所得知的結果。

孩子和父母能夠開誠布公的討論自己的成績不佳，對雙方未嘗不是好事，同時也是一種幸福。但是，和父母親關係疏離的孩子，如果成績不好，對他就會是一種沉重的負擔。

我想，把無法和人變得親近的情形，視為背後隱藏了絕大多數的重要心理問題也不為過。

根據有關美國的離婚原因調查，不論男性或女性，首要的原因都是溝通問題。

放手後得到心靈的自由

人無法替自己增添真正的信心，所以會不斷強迫自己追求權力和財富。

一旦得到地位，就會緊抓住不放。即使那個位置暗藏著地雷也不放棄。有人為了守住位置而承受莫大壓力，甚至出現憂鬱傾向，但仍然不願放手。

如果到了這種地步，可說是「緊抓著地雷不放」。

某個女性文化人就是這樣的例子。她對名利的追求非常執著，拼命要求自己「更上一層樓」，狂熱到讓人忍不住想問她「你到底在追求什麼」。聽說她也不是出自興趣而選擇目前專攻的領域。

她有段時間發展得頗為順利。但是，眾人的掌聲與追捧卻讓她迷失了自我。

被華麗舞台所迷惑，終有一天會風光不再。後來，她從原本固定參加的電視評論節目被撤換了。剛被撤換的時候，她一下子衰老了許多。正如俗話所說的「不是不報，只是時候未到」。而她現在就面臨了這個時候。她迷惘了，因為她不知道自己該怎麼走下去。

若是從小平步青雲，熱衷於追求掌聲與舞台，這種人通常都有一個「無論如何」都想得到的位子。

但是，人不要緊抓住這個「無論如何」都想要的位子很重要。因為能否做到這一點，關係到心靈的自由。

人即使得不到「無論如何」都想要的位子，日子還是過得下去；相反的，即使失去了原以為無可取代的重要之物，不用多久就會習慣，照常過日子。

克服悲傷和絕望，會變得更有韌性。但是，若總是和人缺乏互動，則沒有這個機會鍛鍊韌性。

真正增加自信的方法

以下我要舉這個例子發生在好幾年前。有個知名大學的四年級學生，從JR中央線的平交道，衝向快速電車自殺身亡。那位大學生住在學生宿舍，平時非常用功，也是成績在系上屬一屬二的優等生。除了課業方面表現優異，他在學校也參加了校內傳承已久的合唱團。同班同學一致認為「他是個個性開朗的年輕人」。從表面看來，他算是絲毫挑不出缺點的準社會菁英。

這麼優秀的大學生，為什麼會選擇走向自殺，如果他多和人對話就好了。與其努力得到「全優」，不如多花點時間關心周圍的人。因為在追求「全優」的過程中，他會變得看不見自己。

即使是「絲毫挑不出缺點的準社會菁英」，如果找不到一個能與自己分享喜怒哀樂的對象，也會活得很辛苦。

若一個人不斷鞭策自己去追求名聲，因為沒有可以商量的對象，所以不論做什麼都會一直很在意別人對自己的看法，錯失了增加真正的自信的機會。

即使有人像這個大學生一樣，毫不鬆懈的努力，也不可能產生真正的自信。這點就是他們的悲劇。

人不會因為成就了大事就對自己產生信心，也不會因為成功就變得有自信。唯有打從心底覺得「這是我應該做的事情」，並且付諸行動，然後才會產生自信。

承認心裡原本不願意承認的事，會使人得到明顯的成長，自信也會大幅度的上升。

做喜歡的事、想做的事，可提升自信

沒有自信的人，無法相信自己，只能想辦法偽裝自己過日子，不能以真面目示人。

沒有自信的人，在做一件事之前，應該要做的是捫心自問「這真的是我喜歡的事嗎？」

沒有自信的人，以為為了增加自信，必須挑戰高山，不要只爬小山。他們認為征服高山可以為自己帶來信心。這也意味著他們在增加信心之前，必須歷經一番困難。

登頂的成就感和上山時所體會的滿足感，的確會成為自信萌芽的種子。但前提是，你做的必須是「讓自己開心」的事，這才有助於培養自信。

極度的優越感或虛榮心，是一個人拼命追求自信的表徵。遺憾的是，這不是提升自信的正確方式。

因為，這種方式只會適得其反，讓原本想解決的煩惱，反而平添更多煩惱。即使再努力也無濟於事。

原因正如精神分析學者卡倫・荷妮*所說的，這些人的動力是來自「一股把自己提升到高人一等的衝動」。

他們努力的動機是為了提升自信，單憑一股為了讓自己高人一等的衝動而行動。但是，就算他們順利讓自己凌駕於別人之上，仍無法增加自信。

話說回來，人有什麼理由一定要讓自己變得高人一等呢？

理由有兩個。

第一是藉由高人一等的感覺，消除自卑感造成的痛苦，或者是藉由貶低對方，達到解決內心矛盾的目的。

第二是保護自己的安全。

卡倫・荷妮說有些人為了得到安全感，逐漸忽略自己的內在，不再加以重視。他們已經遺忘不安對自己是何等重要。

保護自己的正確方式

為了保護自己，其實最簡單的方法就是接受自己。即使獲得成功，身心卻因此奄奄一息，那就無法保護自己了。

簡單來說，人的生命終有結束的一天，所以每一天都要活得像自己。若因缺乏安全感而焦慮，會不知道何謂「活得像自己」。其實，只要停止為了向別人炫耀的生活方式，自然會知道什麼是「活得像自己」。

就好像挑選伴侶，要選擇自己不需要在他面前虛張聲勢的對象。打腫臉充胖子的

*卡倫・荷妮（Karen Horney），一八八五年~一九五二年，德國心理學家和精神病學家，社會心理學的先驅。

生活方式，只會讓自己失去判斷力，看不清誰才是真正適合自己的真命天子或天女。

如果活得像自己，感覺會變得更敏銳，例如很快就會發現「這個人好像和我合不來」。

相反的，腦子被利益沖昏頭，也就是一心只想維持自己現有地位的人，選擇交往對象時，會把利益擺在第一位。他們的優先考量是和誰交往可以讓自己得到最大的保障。

對懷有自卑感的人而言，挑選交往對象時，最重要的考量只有是否能彌補或不會洩漏自己的缺點而已。

什麼是「活得像自己」

「像自己」到底是怎麼一回事，只要找到相處時，自己會覺得很開心的對象就可以知道。

挑選衣服時，不要想著別人會不會覺得好看。若能不要在意別人的想法，就可以體會何謂「像自己」和「我就是我」。

若想法能夠轉為「我就是我」，代表自己已經慢慢走出別人的目光。和之前介意別人的眼光過日子有所不同。

也可以選擇自己真正想吃的東西了。這就是「像自己」。

「想吃梅乾」的時候，想吃梅乾的人是「自己」。然後吃了很好吃的梅乾。「自己」想吃梅乾的時候，想吃的是品質好的梅乾，而不是隨隨便便的梅乾。

我從小就不了解自己，所以年輕時很容易受到別人的話語影響。直到年歲漸長，終於明白了什麼是「像自己」。記得我第一次體會這種感覺時，心裡覺得很驚訝。

「原來這種心情就是『我就是我，別人是別人』嗎？」

那種感覺就是能夠把自己當作自己。也就是不會和別人比較。而且不必在心中叮嚀自己「不可以和別人比較」，而是感覺到自己的存在已超越了比較的價值。

失敗經驗可以鼓勵別人

若能體認到「我就是我」，心中不存在優越感或自卑感，也沒有嫉妒心和看輕別人的心思。能夠這麼想的人，會吸引別人主動靠近。

而且不論走到哪裡，心裡都會產生「光是能來到這裡就很幸運」的想法。同時也會更有動力為實現夢想付諸行動。當然是按部就班的實現。

等到自己覺得「我就是我」的時候，你已經達到人生的巔峰。

今天只要有飯吃就活得下去。
只要今天活得像自己，明天也會迎接嶄新的一天。
只要活得像自己，當你走到人生的終點，就會得到幸福。

一旦對痛苦產生恐怖之心，採取逃避現實的做法，就會不知道該怎麼做才能活得像自己。

溫柔體貼的人，能夠賦予別人夢想。

這樣的人，即使談起自己的失敗也面不改色，不會因此感到丟臉。同時能夠告訴別人，自己是如何克服困難的。

例如，別人可能從這些人的口中聽到類似「我常常去掃墓。去掃墓的時候，原本煩惱的事情也想出解決的辦法了」。

告訴別人「我就是這樣成為有錢人」的經驗談，並不等同於賦予別人夢想的經驗談。因為前者牽涉到運氣的問題。

所謂的「這麼做可以得到幸福」，意味著能夠改變想法的人，會受到幸福的眷顧。

只要活得像自己，就不必說別人壞話

人際關係也是一樣。有時候我們能和別人保持愉快交談的關係，但和某些人卻總是惡言相向的關係。

如果活得不像自己，開口都是對別人的批評。不過，當一個人處於滿足狀態，不會開口說別人壞話。專心投入自己感興趣的領域時，也不會批評別人。

說別人壞話的當下，雖然覺得心裡很痛快，其實會消耗自己的精力。因為別人的壞話說得愈多，自己愈容易變得疑神疑鬼。

說別人壞話的效果是可以讓自己產生高人一等的感覺。但是，事後會覺得很空虛。總之，活得不像自己的人，才會說別人的壞話。

不要過度在意別人對自己的評價

為了成就大事而追求健康、為了得到幸福而追求財富與為了得到世人讚賞而追求成功的人們，簡單來說都是因為心理受到創傷。

他們為了治癒心理創傷而急著讓自己名利加身。這樣的人，無可避免的會苦於覺得自己的人生沒有意義。

心靈受創的蜻蜓，和其他蜻蜓夥伴交談時，語氣會變得自暴自棄，脫口說出妄自菲薄的話「像我們蜻蜓這種不起眼的傢伙」。

但是它和瓢蟲交談時會說「身而為蟲，就要當蜻蜓才行」。還說「瓢蟲一點價值都沒有」。

他們出於精神官能症的自尊心，而急著讓自己名利雙收，想要藉由這個方法解決內心的矛盾與糾結。所以，他們很恐懼失敗。

之所以會擔心「萬一失敗了怎麼辦」，理由在於他們一心寄望著能藉由成功解決內心的困擾。另外，他們之所以過度在意別人對自己的評價，也是基於同樣的理由。他們之所以自覺得「事情應該要這麼發展」，也是為了解決內心的紛擾。

所以，他們替自己訂的目標不是「如果能達到這樣就好了」，而是「非得達到這樣才行」。

累積微小的成就感和滿足感

努力讓自己名利雙收，反而替成功下了錯誤的定義。對這類人而言，成功並不和成就感畫上等號。

舉例而言，有個老人家開心的表示「我昨天撐著拐杖在日比谷公園散步，心情變得好舒暢」。但對追求名利的人來說，這並不是成功。

大概對這類人來說，登上喜馬拉雅山才稱得上是成功。

所以，這類人雖然很努力，卻永遠與幸福無緣。因為他們的心田已經荒廢。即使灌溉了再多小小的成就感、滿足感，幸福的種子也絲毫沒有發芽的跡象。

心田無法接受灌溉，自然無法感受到人生的意義，也不知道自己的人生價值為何。

心田荒廢的人，不喜歡自己現在做的事情。

為了體會成就感和充實感，最好的辦法就是完成今天的本分。舉例而言，假設某人的工作是品種改良，抱著「我一定要讓大家大吃一驚」的想法，和出於「我想開發出這樣的品種」的動機，兩者所帶來的結果截然不同。

若抱持的想法是前者，終有感到厭煩的時候。不過，他也如願以償，得到他想要的名利。因為如果不這麼做，就無法解決他內心的問題。

或許有人會問「為什麼？」

因為他們覺得自己沒有得到保護。除非得到別人的奉承，他們才會覺得有安全感。

他們對這點渾然不覺。所以就算對方說的不是真心話，他們也希望得到讚美。

想要讓自己得到好名聲的動機來自憎恨。因為自己的內心懷有恨意，所以以為別人和自己一樣，內心也懷有憎恨。

就像有人自己對大人物表現得卑躬屈膝，心裡理所當然認為其他人也是這麼做。地位即使提升，讓別人對自己另眼相看，終究還是無法成為保護自己的盾牌。

有一種人，小時候嚐過屈辱的滋味，因此不斷追求名譽榮耀，但卻不知道保護自己的正確方法。他們以為只要不斷鞭策自己追求榮耀，便可以求得自保，殊不知，這樣的行為只會讓人失去往前進的動力。

唯有為了保護他人才會產生活下去的動力。結果拜這份力量所賜，也保護了自己。

真正的強者具有體貼的心

有些人其實很討厭參加聚會，卻又喜歡呼朋引伴。因為他們想要享受被人奉承的感覺。

美化自己是軟弱的象徵。人之所以追求力量是出自軟弱。這種人無法感受到內在力量，內心負債累累，把鞭策自己、追求對社會的影響力，當作償還負債的手段。卡倫·荷妮說，人之所以追求力量，是因為自己過於軟弱。但我認為，人之所以追求力量，也是出自於怨恨。

佛洛姆*說，喜愛死亡的人，必定也喜愛力量（出自《人心：善惡天性》*）。

*埃里希·佛洛姆（Erich Fromm），一九〇〇年～一九八〇年，精神分析心理學家。
*原書名為《The Heart of Man. Its Genius for Good and Evil》。

但是，擁有力量的人，即使地位凌駕於其他人，也不保證安全。因為心懷怨恨，他們無法寬待別人。對人無法展現體貼的心。

所以，所謂的安全，不過只是他們自以為的安全。看在其他人眼中，完全沒有安全可言。但是自認為安全的人不了解這一點。

即使高人一等也不表示安全，唯有被愛的人才能體會。受到鼓勵時，一般人的想法是「我得到對方的幫助」而心懷感恩。能夠這樣想就很安全。但是，對於不幸的人來說，卻不把對方的好意視為援手，而是鞭子。

按照卡倫．荷妮的說法，力量可分為兩種。

一種是支配別人的力量。

另一種是為了成就某事的力量。迥異於支配的力量。

她說的一點也沒錯。

第5章

為小事感到雀躍

「我求主賜給我一切來享受生命；
祂卻賜我生命來享受一切。」

I asked for all things,

that I might enjoy life

I was given life,

that I might enjoy all thing…

幸福的人滿足於現狀

過得毫無波瀾起伏的一天，就是幸福的一天。

幸福的人，能夠注意到日常生活中的小細節。即使身處只有半坪大的空間，仍然覺得心靈滿足。

而不幸的人，因為心靈永遠不滿足，即使住在豪宅，仍不快樂。

手中拿著杯子，卻眼巴巴的希望能拿到水桶。不專注於自己擁有的，而望著得不到的，這個人的命運註定不幸。

原本用手掬水喝，如果拿到一個杯子，就會很開心「有杯子真是太好了」。在這個人眼中，拿到杯子是很值得慶幸的事。

拿到每一樣東西都為此開心感動，就是幸福的人。

在一點一滴的累積之下，想必真正的成功總有到來的一天。不幸的人追求大滿足，對小事視而不見。

每天都過得不幸的人，對清爽宜人的空氣渾然不覺，從來不覺得「今天真是清爽的一天啊」。

滿足於現狀，就是幸福。

能夠珍惜每一天，就是幸福。

能夠想著「這樣就好」，就是幸福。

明明獲得成功卻感覺不到成就感，是因為沒有活在當下。

幸福不是每個人天生擁有的。若真要說，很多「幸福的人」，其實過去也曾陷入不幸。之所以能夠變得幸福，是克服不幸所得到的結果。

每一個幸福的人，並不是原本就倘佯在幸福的星空下。

幸福的人心靈擁有強大力量，他們並不是天生就強，只不過是知道自己的弱點，而力量便是在克服弱點之後增加的。

野心無法成為人生的盾牌

按照卡倫·荷妮的說法，不幸的人，雖然拼命努力，心靈的負債卻不減反增，這種人生活的動力來自於精神官能症的野心（neurotic ambition）。精神官能症的野心和報復等其他心理，都是人追求名聲的要素之一。可說是一種追求社會上成功的衝動。

換個角度來看，這也是一種野心，出自「缺乏安全感的自我防衛」。說得仔細一點，也就是因為缺乏安全感而自我防衛的人，企圖使自己高人一等的野心。

因此，對他們而言，取得社會上的成功是必要條件。為了消除不安，除非他們在社會上被視為勝利者，並且得到凌駕於他人的地位。

所以，一旦發現佔有優勢的是別人，他們會覺得很不安，不由自主地產生嫉妒心。因為只要出現比自己佔上風的人，不安就會出現。

這種人嫉妒心強，不會承認自己犯錯。這也是基於如果無法取得優勢，就會失去安全感的心態。所謂精神官能症的野心，就是將保持自己優越地位視為要務的野心。

在為了保持優越感而持續努力的過程中，這些人的內在會變得愈來愈貧乏。如同前述，就是內心負債愈來愈多的狀態。以結果而言，他們最後成為「取得社會上的成功，卻對自己感到絕望」的一群。

雖然成功在握，內心卻飽受自卑感的折磨，也感到孤獨，陷入不幸。因為，就算沒有聽到世人的批評，他們也心知肚明，知道自己做了錯誤的選擇。

這樣的人對周圍的世界心存恐懼。由於自卑感作祟，會習慣性放大事物，比如把周圍的世界看得比實際強大。在他們的眼中，周圍的人不但比自己強，而且對自己抱著敵意。

無論自己攀上多高的社會地位，只要內心軟弱，依然會恐懼周圍的世界。就算世人給他們再高的評價，還是無法改變他們對自己的評價。

以零壓力為目標

因為自覺不如人，他們會訂立某個目標。目的是藉由這個目標的達成，以消除自卑感。

舉例而言，他們以為只要考上知名的大學，畢業後進入知名的大企業就職，再找個理想對象結婚，人生的問題就可以迎刃而解。但是這只是他們的錯覺。於是，他們不斷訂下進階的目標，例如成為總經理。因為他們深信只要達到這個目標，就不再為自卑感所苦。

這些人為了認識理想的異性而努力進入好學校、好公司，接著為了幸福的生活而努力升上總經理。但是，只要沒有達成這些目標，他們就覺得自己情場失意，或者與幸福的生活絕緣。

這種想法源自於龐大的壓力，且正是導致不幸的元凶。

按照這種想法行事，目標會成為壓力的根源。目標照理應該是生活的意義，卻反倒成為壓力，讓人生變得過於辛苦。

有些年輕人，以為只要自己有錢，便能脫穎而出，「抱得美人歸」。但這個想法並不正確。

若是價值觀正確，不會產生這樣的錯誤認知。因為他們抱著「如果是為了名利才喜歡我，這種情人不要也罷」的心態，所以不會產生來自目標設定的壓力。即使抱著遠大的志向也不覺得有壓力。即使努力工作，也不會傻得為工作犧牲一切。

相信自己，便不會仰賴別人對自己的評價

如果自己信不過自己，會特別在意別人對自己的評價。因為他們不能依靠自己，

只好以別人的評價為依據。

一個人如果相信現在的自己已經是夠優秀，一來他不會在別人面前誇耀自己的實力，也不必在意別人對自己的評價。

能夠相信自己的人擁有謙虛的心，因為他們不需要虛張聲勢，也找不到理由要表現出傲慢的態度。

但是，沒有自信的人，無法相信自己現在已經夠優秀，對人的態度則是傲慢自大。因為不敢相信自己，也疏於努力實現自我。

這樣的人，不是疏於努力，就是進行無謂的努力。什麼是無謂的努力，就是愈努力反而變得愈不幸。他們的努力不是讓自己實現現有的可能性，而是為了消除不安，努力想要達成「理想中的自己」。

他們對自己的實際模樣視而不見，努力的目的是變得比別人優秀。

舉例而言，有個煩惱於體重過重的女性，為了提升自己而努力減重。但是，說不定她不必減重，而是改變現有的想法，反而更符合她心目中的「理想女性形象」，成為更有魅力的女性。

從這個角度來看，說不定她努力減下體重，結果反而成為沒有魅力的人。這世上既然存在著充滿魅力的胖子，當然也有毫無魅力的瘦子。魅力的有無和身材胖瘦無關，而是取決於自己有沒有坦然接受自己的樣子。

如果按照「無名戰士的話語」的邏輯思維，我想就是：

「我為了被愛向神祈求成為美女，神卻為了讓我成為溫柔的人而沒有賜予我美女的外貌。上天要我成為體貼的人，所以沒有讓我成為美女。雖然所求看似一無所獲，但我的願望已經實現，成為被愛的對象」。

如果沒有溫暖的心，即使擁有再出色的外表，和冷冰冰的人偶沒有兩樣。即使擁有美貌，但人偶又怎麼有能力和人溝通呢。

接受自己，也對自己有信心的人，不需要藉由力量去壓制別人，也不會企圖獲得名聲，以得到別人對自己另眼相看。

對自己有信心的人，充分了解即使自己不做任何改變，也會得到別人的重視，而且也懂得珍惜自己，慎選交友圈。

所謂的自信，源自於天鵝能坦然接受自己身為天鵝的事實；夜鶯接受自己身為夜鶯的事實，如此正視自我，才會產生自信。相反地，明明身為天鵝，卻渴望能像夜鶯發出優美的歌聲，好和夜鶯一較高下。或者明明身為夜鶯，卻渴望擁有優美的姿態，好和天鵝比美。這都是缺乏自信的表現。

名聲和權力都無法治癒心靈的創傷

前述心理學家卡倫・荷妮，對於經神官能症患者不由自主追求名聲的行為，列舉出幾項特徵。其中一項是「不曾得到滿足」。所以即使已擁有了名聲與權力，他們還是「想要更多」。

但是，名聲與權力只能暫時治療心靈的創傷，無法根治。因為滿足的只是表層，所以他們一定會繼續要求「還要得到更多」。包括「我要變得更有地位」「我要變得更瘦」「我要變得更有名」「我要變得更有錢」「我希望體力變得更好」，而且這些慾望永無止境，沒有滿足的一天。已經屬於一種強迫性行為了。

這個也想要，那個也想要，內心的慾望永遠填不滿。

就本質而言，名聲和權力只是一種彌補無力感的代替品。追求名聲的精神官能症患者，把精神都放在名聲和權力，卻絲毫沒有發覺對自己的生命中，真正能派上用場的是什麼。

卡倫・荷妮說，隱藏在追求榮耀之後的要素是打擊和貶低對方。

這句話說得一針見血。他們之所以不厭其煩地追求成功，目的是透過自己的成功，向曾經瞧不起自己的人報復。

只要自己獲得成功，就可藉此報復曾經看不起自己的人。因為靈受創，才會不斷強迫自己追求成功與財富。

但是，即使達到這些目標，還是感覺不到幸福。這種勝利被卡倫・荷妮稱為復仇式勝利。

所謂的「讓他人對自己另眼相看」是出於怨恨。就像小說《金色夜叉》中，貫一和宮的愛恨情仇一樣*。雖然這只是我的後見之明，假設貫一與宮分手後，找到了一個可以傾訴的對象，我相信他的人生一定就此不同。如果他的委屈找得到人傾吐，他就不必急著洗刷年少時飽受的屈辱。

換言之，貫一的心理狀態在他與宮分手後，沒有得到成長，而是一直在原地踏步。如果他的心理得到成長，就不再執著於與宮的過往。

我想，心理成長半路停止的人，都是孤獨的人。

---

*《金色夜叉》是日本明治時代作家尾崎紅葉的小說代表作品。劇情敘述貫一與宮是青梅竹馬的戀人，但因為一些誤解，宮與窮學生貫一分手，跟銀行家之子結婚。宮婚後並未得到幸福，而貫一則受到刺激，從此成為金錢的奴隸。

通往幸福的捷徑是養成對人的尊重

擁有野心的精神官能症患者，總是帶著貶低對方的意識看人，所以與其相處時，經常讓人覺得不愉快。既然無法贏得他人好感，更不可能從他人身上獲得有益的資訊。

而且這些人還有眼界過於狹窄的問題。因為他們唯一關心的事是如何讓別人覺得自己很優秀。因此，他們眼中容不下些許失誤，哪怕只是稍微犯錯，也會對他們造成嚴重打擊。明明只是微不足道的失誤，對他們而言卻是足以走上絕路的嚴重打擊。

若想學著變幸福，首先要尊重自己，努力愛人。

如果不清楚這個根本原則，接下來走的每一步都是錯誤。總是貶低自己，與世間為敵，不論獲得再大的成功，也找不到幸福。

悲劇的基本，就是貶低自己，與世間為敵的心理。

舉例而言，請各位想像這裡有個人，對放在自己眼前的這杯水充滿懷疑。因為他覺得「這杯水加了毒藥」。所以，他一定會把水倒掉，重新添水。但是，看到新換的水，他是否會停止懷疑「這杯水是不是加了毒藥」。

只要看待的眼光不變，無論換了幾次水，我想這個人永遠都會懷疑「這杯水是不是加了毒藥」。問題不出在水，而是他的心。

這點也同樣適用於貶低自己和執著於名聲的人。只要意識沒有改變，不論獲得再大的成功，還是覺得自己沒用。覺得現實中的自己一無是處；覺得自己到手的東西都不值一提。想當然爾，他沒有真正得到治癒。

如果自己不尊重自己，即使貴為王者，依然感到不滿足。另外也會努力不讓別人和自己一樣已經察覺，其實自己是個無趣的人。

正因如此，歷史上有時會出現充滿自戀意識的君王，覺得「我就是神」。但是，他們其實心知肚明，知道自己不是神。

但如果不認為自己是神，即使被人當作神明崇拜，心裡還是充滿不安，不滿也無法消除。而且老是擔心自己的裝模作樣會被揭穿。

但是，人如果發覺「現在的自己就是最棒了」，就可以放下心頭的負擔，不必再責怪自己。只要接受自己成長的環境就好了。同時也醒悟到自己一路走來，一直在傷害別人，就夠了。

對自己有信心，等於獲得人生最高的價值

有些人認為超越別人可以消除屈辱感，獲得成功也有同樣的效果。

為了真正的安下心來，其實需要的是愛。但是，他們卻誤以為需要的是「出人頭地，備受注目」。他們以為自己需要做的是「讓人刮目相看」。

即使「自己一無是處」，卻相信自己已確實掌握「幸福」，此時，才等於實現人生最高的價值。

能夠相信自己已獲得幸福，等於擁有了人生最有價值之物。

弗蘭克說：「原因在於在坦率接受自己真正的命運，並盡情為此煩惱的過程中，除了得到人生意義與自我充實，也開創了人生最大的機會。」（出自《神経症　フランクル著作集》日文版）

坦率接受自己真正的命運，並盡情為此苦惱，這樣的人，會擁有愛人的能力。煩惱的行為本身，等於是賦予自己的人生意義。利用這個機會，人的眼界會得到拓展。

而不幸的人，眼界狹小，長大成人之後，無法克服大困難，會以各種不同的型態遭受挫折。包括出現憂鬱傾向，或者得到憂鬱症，甚至引發社會問題。

就長遠的眼光來看，煩惱絕對不是一件壞事。

就算失敗，也滿足於自我人生的人

只會用「成功和失敗」來思考人生的人，就是勞動人（Homo faber）。所謂的勞動人，就是66頁所提到「透過工作以實現自我價值的『勞動人』」。

弗蘭克說，價值分為創造的價值、經驗的價值、態度的價值三種。他認為重點在於人是否能夠承受天生的宿命。換句話說，也就是一個人用什麼樣的態度面對命運。

另外，「我們已經得知，態度的價值相對於創造的價值和經驗的價值，只要苦惱的意義在層次上優先於勞動和愛情的意義，就是值得稱許的事。」（出自《精神医学的人間像　フランクル著作集》日文版）

勞動人，意即以成功為目標的人，其思考完全以「成功與失敗」為核心。

煩惱人（Homo Patiens）即使陷入慘敗，也能充實自己的生活，而且他們以「充足

和絕望」為生命主軸（出自《神経症　フランクル著作集》日文版）。

前面已經說明，把「成功與失敗」當作人生唯一的價值觀的勞動人，即使獲得成功，也可能深受絕望所苦。

另外，勞動人面臨失敗時，還會衍生出其他問題。當他們被逼入無計可施的狀況時，會變得意志消沉。

簡單來說，「無名兵士的話語」所說的內容就是「人的特質，從勞動人轉變為煩惱人」。

因為勞動人心目中對「人生成功」的定義，和煩惱人所認定的人生價值不一樣。

只要了解煩惱的意義和價值，地獄就會變成天堂。

這個世上，有些人明明能夠上天堂，最後還是下了地獄。

第6章

對「現在」全力以赴，能消除未來的不安

「當我所求看似一無所獲，
卻意外地得到一切所期盼的；
當我輕看自己的需要時，
那沒說出口的禱告竟全蒙應允；
我是眾人之中，
最富足且最蒙祝福的那位。」

I got nothing that I asked for-but
everything I had hoped for.
Almost despite myself,
my unspoken prayers were answered.
I among all men,
most richly blessed !

當人得不到夢寐以求的事物

當我們為了成就偉大的事業而「不由自主地」追求健康、為了得到幸福而「不由自主地」追求財富、為了贏得世人的稱讚而「不由自主地」追求成功，卻又無法如願得到幸福，我們該如何自我反省呢？

我們該反省之處有五項。

成功的定義是滿足於小事

第一項，思考自己對成功的定義為何。
如果希望藉由成功來獲得幸福，必須事先掌握「知足」的方法。
所謂的成功，就是滿足於各種小事。
大家要把「有人只要有杯水喝就會笑，有人穿著綾羅綢緞卻還是愁眉不展」這句話謹記在心。
「只是坐在草地上吃著飯糰，也覺得幸福」這不就是成功嗎？
如果能夠知足，就能得到幸福。
今天也能順利搭上車，真是太好了。慶幸的理由是健康無虞，所以能順利搭車。
如果能夠這麼想，才是人生的勝利者。

為什麼這樣就算是勝利者呢？這是因為，即使沒有獲得社會認同的成功，但心理上已經成功了。

若借用弗蘭克的話來說，也就是「兼顧失敗與充足」。

下面列舉的例子是「成功與絕望兩立」。

有位銀行高層已屆退休之齡。他說他沒辦法自己站在路邊招計程車。可能是在他任職於銀行期間，坐的都是閃閃發亮的黑頭車吧。如果他連招計程車都有困難，更別說要搭其他大眾運輸了。

這個人抱著要人對他刮目相看的復仇意識，一路爬上銀行的高階職位。但是，他在退休之後卻變得不幸福。因為心懷怨恨，所以他希望向人炫耀自己能以黑頭車代步的生活。他認為以往瞧不起自己的人，看了自己的生活應該會覺得很羨慕。

為何他會這麼想？因為他自己就是如此。別人的生活在他眼中，就是讓人又羨又妒。

類似這位退休後的銀行高層的人屢見不鮮。這也是誘發高齡憂鬱症的原因之一。退休本身並不是痛苦或可怕的事。讓人無法忍受的是至今享有的地位所賦予的權威會被剝奪。如果說地位會讓一個人覺得自己的價值提高，當他以後失去這個地位，自己也會隨之陷入痛苦。

長久以來抱著自己高高在上的心情過日子，是導致退休後陷入痛苦的主因。正因如此，自己更應該靜下心來，反省自己對地位的過度執著。

即使年過花甲，還是敢背起心愛的背包到處趴趴走，才算是成功的人。

自己是不是變得傲慢了？

第二項，是檢討自己在不斷追求財富、健康、成功，全力的過程中，是不是出現傲慢的態度。

有些人太過自我中心，一心認為天底下所有的事都能夠隨心所欲。

這種「我想要這個，也想要那個」的態度，屬於欲望過多的傲慢。這些人想要透過欲望的實現，好讓自己顯得高人一等。

傲慢的背後，隱藏著想要貶低別人的報復心理。

舉例而言，有個上班族向公司提出辭呈，當時他抱著「如果我辭職，公司應該會很頭痛吧」的想法。辭職後，他開始自行創業，迫不及待想要得到成功。

他一心想著「我一定要做出更大的事業，讓以前公司的人對我刮目相看」。這份焦慮的心情把他折磨得苦不堪言。自行創業的他每天都過得焦慮不堪，但是這份焦慮是他自找的。

這類型的人，一心想著要快點成功，基本上都有瞧不起人的傾向。這個前上班族也一樣，不論是自己的同事、上司或下屬，他通通不放在眼裡。不把別人當作一回事，因為把自己的欲望放在第一位，因而扭曲了眼中的現實。

這個前上班族也一樣，在公司上班的時候，也老是想著「公司的好處我要盡量撈」。但離開公司以後，沒辦法再佔便宜了，所以才覺得「無法接受」。

因為傲慢，才會為了贏得世人的稱讚而追求成功。

心理創傷無法癒合，容易對金錢有強烈的追求欲望。他們希望自己早點出人頭地，快點當上董事長，好讓以前不看好自己的人刮目相看。

心裡懷著怨恨，想讓人對自己刮目相看的人，雖然付出努力，最後卻換得一場空。這種心態的出發點是自己的欲求，無法得到真正的幸福。換言之，傲慢的人無法跨越心中的恨意。

人若是克服了某種難關或挑戰，自然會變得謙虛。

你可以克服過去的經驗嗎？

第三項要反省的是，「小時候受到屈辱的經驗，是否還殘留在心底？」

簡單來說，很多人一直到了長大成人，還是無法走出幼時受到屈辱的記憶。

你是不是也曾經歷過在大家面前遭受嘲笑、揶揄的經驗？請試著回憶看看吧。

我想大部分的人都有過類似被喜歡的人羞辱的經驗。或者是因為期望得到某個重要之人認同自己，但卻做不到，而悔恨不已。

你的內心是否一直壓抑著這些羞辱的經驗呢？

不論是哪一類的屈辱經驗，自尊心都深受打擊。但只要人企圖以美化自己來解決心理創傷，就會成為不放過自己的「暴君」，同時對別人顯得傲慢。

現實中，別人對自己的關注程度，絕對沒有你想像中強。每個人不過只是一個員工、一個市民或一個學生。

心理學家卡倫・荷妮曾說，精神官能症傾向強烈的人，行動一旦受到規則限制就會勃然大怒。

例如聽到他人告知「今天的受理已經截止，明天請早」、「請按照規則排隊」就會覺得氣憤難平。

此外，他們還討厭遵守規則。因為遵守規則，等於讓大家知道自己不是享有特權的人。

這樣的人和接觸社會時很容易受傷，所以他們採取能免則免的作法。或者轉而對社會採取攻擊的姿態。於是，被社會孤立也只是遲早的事。

能夠滿足於現在的人生，對人就能多一分體貼

第四項要檢討的是，雖然自己受創是事實，但是這份受挫的體驗是否對自己是利多於弊呢？

若有人對自己口出惡言，表示對方可能已經被逼到絕境。照理而言，除非被逼到無路可走，否則不會輕易對別人如此惡言相向。

我們要做的是不要被對方的話影響，聽了就大發脾氣。我們要察覺很重要的一點：加害者本身受到的傷害，其實更勝於被害者。

冷靜的人能夠正視對方；他可以好好看著對方的眼睛，確認對方在講出這些傷人的話時，是不是看著自己，而且聲音裡是否含著怒氣。

一個人在凡事一帆風順、過得稱心如意的時候，不會想傷害或攻擊對方，也沒有理由發脾氣。只有凡事不順心時，才會變得虛張聲勢、動不動就發脾氣。總而言之，就是欲求不滿的時候。

如果遇到這樣的人，我們要學著不讓自己因此受傷而意志消沉。也不要做出會招人怨恨的事。一個人會做出惹人厭的行為時，表示他自己諸事不順，在各方面都無法如願以償。

傷害別人，自己也會受傷。若是心滿意足，便不會傷害別人。總是對別人發脾氣，其實才是自己怒氣的最大受害者。若能滿足於現狀，對人就能多一分體貼。

既然有個性溫和穩重的人，當然也有個性帶有攻擊性的人。前者滿足於現有的一切，後者則是處處抱著不滿。

島崎敏樹所著的《感情的世界》，這本書曾介紹一個有趣的實驗。

實驗把貓分為ＡＢ兩組，每組兩隻貓。方法是在餵食的時候發出信號，再讓兩隻貓競爭搶食。從競爭脫穎而出的貓，可以獨享所有的飼料。另一隻貓則淪為輸家，每當餵食的信號響起，身為輸家的貓就舔舔自己的手，或者轉頭看旁邊。

接著工作人員在A組的飼料盒裝上通電裝置。成為贏家的貓，只要腳一踏上盒子就會觸電。結果這隻貓陷入慾望與恐懼的兩難之中，最後被送到B組。

A組的贏家貓來到B組，對B組的新鄰居表現出滿滿的敵意，並且主動攻擊對方。

接下來的說明才是重頭戲。被新來的A組貓攻擊的B組，只要確保自己仍享有飼料的所有權，並繼續維持主從關係，就不會反擊新加入的貓。

我們是人類社會，當中也存在著像新來的貓一樣，主動發動攻擊的人。有許多人會成為這種人的受害者。當然，他們不是實際撲倒對方，而是用責難、扯後腿或製造醜聞的方式讓對方下台，以達到傷害的目的。

「被欲望沖昏腦袋的強者，對周圍的人散發惡意，展現出攻擊性。」（出自《感情的世界》）

我想表達的是，在人類社會之中，欲求不滿的人會去傷害身邊的人。以貓而言，最壞的下場不過是這樣的貓會成為欺負其他貓的強者，但換作是人，就要活在每天都受到怨恨的狀況之中。一生註定不幸。

自己受到傷害的時候，最重要的是提醒自己「看著對方」。這麼一來，你就會覺得對方對你的傷害變得很可笑。

不要替自己的形象設限

第五項，是想想自己在自己的心目中是什麼樣的形象。

美國哈佛大學艾倫．蘭格（Ellen Langer）教授曾經表示，把自我設定在單一形象是很危險的事。

如同前述，有些人，人生看似一帆風順，最後卻自我了結生命，這就是典型的高風險例子。

因事業之敗而自殺的社會菁英人士，之所以走上絕路，原因在於他們對自己的定位只有社會菁英。

沒有考上心目中的知名大學而自殺的年輕人也是基於同樣的道理。所以，當這個形象破滅，他們就覺得自己撐不下去了。

同樣的情況也會發生在運動選手身上。如果只把自己定位成某一種運動的選手，等到無法從事這項運動的日子到來，甚至有人會因此而自殺。

另外，他們只會從一種觀點看待成功。

即使失敗也沒有失去冷靜，和獲得成功的價值同等重要。如果無法保持冷靜，萬一遇到事與願違的情況，內心就會無法自持。

只要採取適當的態度，失敗也可以成為拓展一個人視野的契機。

「替自己的形象設限會造成的危害」，適用於每一個蔑視自己的人。

在年輕時，如何塑造自我形象，將會左右人的一生。

但有些人只要事情的發展稍微不如己意，馬上失去了冷靜；只要稍微受挫，立刻自亂陣腳。總而言之，無法如願獲得成功就會反應異常，基本上都屬於「把自我設定在單一形象」的類型。

從第三者的眼光來看，一個人即使歌唱得不好，也是無傷大雅之事，但是若將自我形象限制為「歌手」，從沒想過自己還有其他身分，「歌唱不好」對這個人來說就變成至關重要的問題。

試著改變觀點

以下舉的案例的主角是某位大學教授。直到離開人世之前，這位教授經歷了辛苦的一生。他出身於教授世家，代代都是大學教授。他從小在單一價值觀的教育下長大，家裡的每個成員都深信做學問是人生最理想的選擇。

此外，被全家人奉為信條的還有「人的價值取決於聰明與否」。

但是，這位大學教授即使當上了教授，還是覺得自己不聰明。原因是他在學生時期的成績，並未達到家人期待的標準。

雖然身為教授的教學能力和學生時期的成績是兩回事，但他本人卻不這麼認為。原因是他被侷限在已經設定的自我形象。而這樣的想法會對他造成很不利的影響。

他的能力並不遜於其他教授。就我知道的教授來說，他的確是頗有能力，根本沒有理由輕視自己。但是，他卻被嚴重的自卑感深深折磨。

他一直無法擺脫自卑感的原因有兩個。第一是他在求學時期並不是成績名列前茅的學生，第二，他沒有考上心目中第一志願的大學。不論是成績還是志願學校，都是身邊的人期盼他能達到的目標。

自卑感如影隨形的糾纏了他一輩子，但追根究底起來，就是年輕時候的學業成績和求學時代念的大學。因為這兩樣都不是身邊的人對他的期待。

不過，最大的問題還是在於，他對自我形象的設定，範圍過於狹隘。他只能想像自己成為大學教授。再加上他的自卑感，讓他終其一生都無法充分發揮自己的能力。

如果他的自我感覺沒有差到那個地步，我想他一定能夠發揮所長，對社會有所貢獻。但是，即使活到不小的年紀，他看待自己的眼光，還是執著於狹隘定義上的做學問的能力。意即他的想法無法跳脫既有的框架。他只能用一陳不變的觀點看自己，然後貶低自己。

對他而言，有價值的能力只有一項，也就是以傳統、狹隘定義上的唸書能力。即使他具備如此優秀的創意與才華，卻無法擺脫定義陳腐狹隘的「唯有讀書高」的價值觀，並為此飽受心理上的折磨。終其一生都沒有發揮自己的才能。

如果他能夠改變看自己的觀點，或許就不會被自卑感折磨，也能貢獻所長，造福更多人群。另外，他如果能用其他觀點看待「做學問」這件事，應該也能過得比較幸福吧。

一個人對自我的形象認定，在年輕時成型。自我形象指的是一個人對自己的理解和評估（覺得自己是個什麼樣的人）。不得不小心的關鍵問題是，有些人對自我形象的認定，和實際中的自己有很大的出入。

舉例而言，有人的個性實際上是開朗活潑，卻自認呆板無趣、做事循規蹈矩。或者是有人自認個性顧家，事實上卻剛好相反。

對自我形象認定錯誤的發生，大多和價值觀脫不了關係。簡單來說，就是你的價值觀是否認為某項特質是好事？比如「顧家才是好男人」這個價值觀，會影響一個人對自我型像的認定。另一種原因是別人的評價，賦予了錯誤的印象。舉例而言，孩子聽到媽媽向別人形容自己「這個孩子很怕生」，於是信以為真。

「自我評價低」和「錯誤的自我形象」不一樣。這裡所謂的「錯誤的自我形象」，就是孩子的個性明明很健談，卻誤以為自己沉默寡言。

我自己就是這樣。我在小時候聽到爸爸向別人這樣介紹我「我兒子話很少」，結果一直信以為真。

享受今天這一天

如果想得到幸福，就要努力讓自己快樂的度過今天這一天。就算口袋只有五百元，也要努力把握這一天，不要虛度。

這樣的努力是為了「得到富足與祝福」。

所謂活著這件事，就是在當下重新出發。

有些人沒辦法進入活在當下的模式。

他們靠著對過去的怨恨而活。

這樣的人在臨終前，一定忍不住感嘆自己的人生到底算什麼。

我曾經翻譯過喬治・華爾頓（George Lincoln Walton）的著作《為什麼要煩惱？》（*Why Worry?*）。這本書原著出版時間距今已經有百年了。

「請察覺自己犯下的錯誤，決心要好好活在當下吧。只要能這麼想，就能放下所有的重擔，呼吸也變深了，連周圍的風景也開始變得清晰。說不定還看得到漂浮在天空的房子呢。腳步也變得輕盈，對生命產生了全新的體悟。我不但得到了『用來休息的力量』，內心也朝著平安邁向了一大步。」

當人生缺乏目標的時候，唯一要做的就是把握當下，對每一天全力以赴。

找不到目標的時候，只要這麼做，總有一天能夠看清楚。

每個人得到的一天是相同的，但生活方式卻依照想法而大有不同。有些人選擇渾渾噩噩的混日子，也有人訂立好目標，一步步努力前進。

在每一個瞬間注入能量

珍惜現在的人不會醉生夢死。

與其在意自己能不能長命百歲，這種人更在意的是把現在的每一分鐘過得更有意義。與其渾渾噩噩的活到八十歲，不如每一刻都活得確切紮實，哪怕只有短短的三十歲。有些人雖然活到八十高齡，卻無時不刻都在抱怨。只要能夠把握當下，活得精采，就算生命在三十歲畫下休止符，也比前者長壽。

久病纏身恐怕是每個人避之唯恐不及的噩夢。但是有些人靠著修心養性，能夠與疾病和平相處，讓自己的人生充滿意義。只要抱著「生命是神賜給我的」的想法就行。

據說長生不老是人最大的願望。

不過，如果人每天都為了某事忙得不亦樂乎，不會產生「我要長生不老」的想法。人只要發自內心感到滿足，不會祈求自己能夠長生不老。

虛度光陰，沒有用心度過每一天，唯有這種人，才會希望自己能夠長生不老。

如果已經找到想做的事，就會抱著死也不足惜的心情全力以赴，根本沒有餘力思考能不能長命百歲。與其關心「我能不能多活幾年」，這些人毋寧更專注在自己該做的事。就像真正聰明有智慧的人，不會為了得到幸福而一味追求財富。

如果傾注所有的精力，紮紮實實的度過一個月。我想一個月過後，不論是誰，一定都會覺得「這一個月過得好像一年」。

有個人家境並不富裕，但在母親去世時，訂製了高級棺木，要價日幣一百八十萬。棺木送入火葬場之後，不用多久時間就化為灰燼了。但是，那一瞬間對他而言卻是一生的珍寶。因為當時的光景足以讓他回味一輩子。

母親的離世讓兒子悲痛萬分，淚流不止。但是想到母親將永遠活在自己的心中，使他稍感安慰。

在那一瞬間傾注所有的力量。這就是活著。

蟬兒之所以使出全力大聲鳴叫，是因為它知道自己的死期將至，來日不多。

如果按照「無名戰士的話語」的思考模式，我想應該就是「我求主賜我年輕讓我不會老去，祂卻使我增添歲數而變得更成熟」。

即使身陷煩惱，內心也不會變得混亂

謝布里說的「接受不幸」，就是禪所說的「無」。

前述《為什麼要煩惱？》這本書，書中介紹了哲學家伊比鳩魯的故事。

伊比鳩魯出生於西元前三世紀，換言之，耶穌出生時，他在當時已經是歷史人物了。伊比鳩魯雖是距今兩千前的歷史人物，不過據說是一個天生性格纖細、感性豐富的人。

他天生體弱多病，到了七歲仍無法踮起腳尖。像他如此虛弱的孩子，在當時也很少見。到了少年時代，他連自己從椅子上起身都辦不到，所以也沒看過火和太陽。不僅如此，他的皮膚非常敏感脆弱，只能穿樣式簡單的丘尼卡（希臘時代的長上衣）。

他曾說「賢人睡著時和醒著時一樣，內心都保持平穩」。

他的肉體雖然承受著諸多苦痛，但他仍然可以保持內心的寧靜。內心保持寧靜，並不代表煩惱就會消失。只是儘管身陷煩惱，內心也不會變得混亂。

他說「人不可祈求能消除所有煩惱的力量」。

克服苦難時的發現

我想，伊比鳩魯的這句話，和謝布里說的「接受不幸」，應該是一樣的意思吧。

伊比鳩魯並沒有說，為了得到內心的寧靜，人必須遠離世俗的生活。但只要自己的自制力夠強，減少對唾手可得之物的慾望，即使過著簡樸的生活也能維持內心的安定。

「為了得到幸福而追求財富、為了得到世人讚賞而追求成功」，難道不是為了走捷徑，希望輕易得到幸福嗎？

但若真的想要學著變幸福，「心理成長」是唯一的辦法。

當你打從心底覺得「當我所求看似一無所獲，卻意外地得到一切所期盼的，我是眾人之中，最富足且最蒙祝福的那位。」表示內心已經成長，情緒也變得成熟穩重。

這表示你已經靠自己克服苦痛。

當你克服苦難，你會發現，原來是自己的心，在隨著那些不值得在乎的事起舞，

所以才會活得那麼痛苦。

後記

「無名戰士的話語」讓我們知道一個道理：雖然所求看似一無所獲，但「已得到幸福」。換言之，在得到幸福之前，必須先「知道身為人的痛苦」。

人一旦嘗過痛苦的滋味，就不會產生奢望。

一旦嘗過墜入谷底的滋味，人就懂得珍惜每一天，好好活在當下。

我想人等到生了病，才會發現追求學歷其實沒有意義。

一旦克服了苦痛，人終於發覺原本在乎的事根本沒有意義。

以心態的轉變而言，「無名戰士的話語」雖然有些知易行難的部分，但內容都是真實的。

活得像櫻花一樣，雖然是很多人嚮往的生活方式，但能夠治癒人生的，其實是有如晚秋的生活方式。

外表有如櫻花嬌豔的女性，如果在先生倒下，必須呼叫救護車之前，還不忘攬鏡化妝，即使外表如何動人，也絲毫沒有治癒人心的力量。

什麼樣的人會讓人覺得療癒呢？

不論面對什麼季節都淡然處之，泰然自若；把自己的人生順利染上緋紅色，最後平靜回歸大地的人。

那樣的人會讓人覺得充滿療癒的力量。

無名戰士會替別人著想，但也不願因此拋棄自我。但是我想他應該是那種到了晚秋時分，願意會奮不顧身，化身為一片美麗楓紅的人吧。

人為了主張自己的權力不用其極，也不會白做人情。

但是，這位無名戰士把向眾人傳達人應該如何度過自己的人生，當作自己的「人生使命」。

我們該把握的，不就是這位無名戰士遺留給世人的志願嗎。

據說空腹是最好的廚師。

因為肚子餓的時候，吃什麼都覺得美味。

口渴的時候，最想喝的就是水。

有些人能夠在一瞬間感到幸福，但也有人在一瞬間覺得痛苦。

有些人對於現狀感到不滿，滿心以為「只要有這樣的發展」就能得到幸福，其實，「即使現狀照他們所希望發展」，他們依然與幸福無緣。

相反的，當人變得傲慢，因為擔心「要是事情變成那樣」會造成不幸，所以一心只想著趕快得到成功，但等到「事情真的變成如此」，他卻因為嘗到了痛苦的滋味而得到了幸福。

「無名戰士的話語」告訴我們，只要沒有把真正重要的事情做錯，人隨時都可以獲得幸福。

把真正重要的事情搞砸了，人會陷入憂鬱。

疏忽了真正重要的事，會成為自戀狂。

至今為止，你可曾向任何人傾訴內心的話。

在這之前，你不知道蘋果是什麼味道，只覺得吃蘋果會變得幸福。

現在你最想要的事物，不一定能讓你得到幸福。

你渴求的是成為有錢人嗎？

你祈求的是大權在握嗎？

你追求的是榮譽或名聲嗎？

你想要的是美麗出色的外貌嗎？

你想要的是像超人一樣無所不能嗎？

只是為了滿足自己的衝動而追求財富、成功和健康的生活方式，只會讓自己活得愈來愈辛苦。

有關這點，「無名戰士的話語」不是已經告訴我們了嗎。

人從體驗中學習。包括從生病中體悟，從貧窮中學習。

當然，請各位不要誤會，我的意思並不是只要生過病或曾歷經貧窮，人就會得到幸福。

獲得幸福的人，並不是沒吃過苦頭，所以覺得幸福。而是因為這些人即使深陷煩惱或痛苦，卻能冷靜面對，認同痛苦的價值，所以才能感受到幸福。

正如本書前面已經說明，有些人企圖以超越別人的方式來解決內心的煩惱。但是，一樣是為煩惱所苦的人，有些人無法從不幸脫身，有人最終得到了幸福。

「無名戰士的話語」並不是要讚美軟弱、貧困或失敗。飽受病魔摧殘是很痛苦的體驗，而貧窮也會使人備嘗艱辛。

所以，我認為「無名戰士的話語」要強調的是，我們可以從軟弱、貧困或失敗學習到什麼。

為失敗所苦、因貧困所受到屈辱，人要懂得將之視為神的旨意，了解「我該學到什麼」是一件很重要的事。

忘了生活該如何經營，人的心理不久就會崩潰。生活的節奏一旦被打亂，就成為廢人了。

有些人出身貧窮，卻依然出人頭地。美國馬丁・路德・金恩牧師在書中曾寫到「在美國，每個成為偉人的人，都是在小木屋出生」。貧窮本身並不可取。處於貧窮的人，只能想辦法腳踏實地過日子。所以，貧窮有助於鍛鍊人。

我想，「無名戰士的話語」想要提醒我們的，或許是當一個人擁有健康、財富和權力，別忘了自己也失去的某些重要之物。人一旦失去了最寶貴的東西，即使獲得一切，大多時候也得不到幸福。

另外，「無名戰士的話語」也想告訴世人，有些人雖然歷經失敗與貧困，卻能藉此學到真正重要的事物，因而掌握了幸福。

若借用前述的弗蘭克的話，當人「從勞動人轉變為煩惱的人」，就加入了幸福的行列。

「無名戰士」從貧困學到了智慧；從軟弱學會了謙虛；從疾病中學到了自己可以把事情做得更好。

也就是他的價值視野得到了拓展。

弗蘭克認為人是一種追求意義的存在。所謂的「苦惱的人」，就是從這個層面思考所得的概念。

「無名戰士」並不是未經任何努力，就「最富足且最蒙祝福」。備嘗艱辛的「無名戰士」，終於克服了疾病和失敗。唯有歷經各種困難，才能體會掌握幸福是什麼樣的感覺。

「無名戰士」也可以自暴自棄的想「反正我生病了，什麼事都做不了」，選擇放棄自己的人生。然而，如果你決定逃避煩惱，最後可能對任何事情會變得漠不關心，而且活在對自己的絕望之中。

我們除了學習「無名戰士的話語」本身，更重要的是效法「無名戰士」對生命的態度。

「無名戰士」之所以感受到「最富足且最蒙祝福」，原因來自於「無名戰士」面對生命的態度。

生病本身不是一種祝福。生病只是單純的體驗，但是能夠從這項體驗感受到「最富足且最蒙祝福」，是因為「無名戰士」對自己生病的命運所採取的態度所致。

這位「無名戰士」沒有逃避降臨在自己身上的痛苦。正因為他這樣的態度，這位「無名戰士」才能感受到自己「最富足且最蒙祝福」。

弗蘭克曾說「不論哪一種疾病都有其『意義』，疾病的真正意義在於人因此受到苦難的程度」（出自《精神医学的人間像　フランクル著作集》日文版）。

弗蘭克的觀點是對人而言，苦難具有其存在的意義。如果不抱著這樣的觀點，「無名戰士的話語」將顯得黯淡不少吧。

比如，為了滿足慾望而身陷金錢遊戲的商人，若對他說「這種生活方式很討人厭呢」，他能夠聽進去嗎？

一個人除非意識到一味滿足慾望無法受到祝福，否則「無名戰士的話語」在他耳中聽來也沒有任何說服力。

若是替「無名戰士的話語」做總結，或許可以這麼說。

「我為了滿足慾望祈求得到一切，神卻為了讓我發現自己的價值而賜予我苦痛」。

人並不是因為失敗才受到祝福，也不是每個失敗的人，都會受到祝福。

內心被憎恨佔據，滿腦子都是「絕對無法忍受那傢伙得到成功」，這種人很多。

違背自己的本意，故意說風涼話「我才不會為了成功而做到那種地步」，這種人也有。

或者昧著良心說「我才不想活得像那個樣子」。

這位「無名戰士」藉由失敗來拓展自己的視野。他的思考模式不以「成功與失敗」為核心，而是以人生的意義和價值為考量。

他意識到對人而言，價值的內容非常多元，絕對不是只有成功才稱得上有價值。因此拓寬了自我價值的眼界。

這就是為什麼他能夠「最富足且最蒙祝福」。

「無名戰士」之所以受到祝福，理由並非基於他的失敗，而是他以正確的態度面對失敗。

「雖然祈求了讚美與成功，卻藉由失敗而了解何謂愛」若能理解這點，才會成為「最富足且最蒙祝福」的幸運兒。

當一個人獲得成功，爭相聚集到他身邊的人都非善類。因為這些人都迫不及待從他身上榨取到好處。

「社長，您實在太有本事了。社長，您太厲害了！連走路的樣子都帥氣十足！」

這些人無不忙著逢迎拍馬，阿諛奉承。

弗蘭克說「苦惱的人」即使面臨「最惡劣的失敗和挫折，也照樣充實自我」。又說「就像成功與絕望並存，我們也學會讓充足與失敗並存吧」（出處同前書）。

如果我用酒精中毒的大政治家和被捕的前任世界首富，當作「成功與絕望」的例子，那麼本書的「無名戰士」和《安徒生童話》中的雲雀，就是「失敗與充足」的例子吧。

本書在前面已經提過，目前的日本正處於弗蘭克所言的「成功與絕望並存」的狀況。因此我認為我們有必要重新檢視「無名戰士的話語」，品味其箇中含意。

放眼全世界，日本是年輕人抱持著「人生最重要的是金錢」的價值觀比例最高的國家。換言之，日本的年輕人在全世界把人視為「慾望的動物」傾向最強。他們不把人視為追求思考意義和價值的存在。

「無名戰士的話語」雖然無法滿足純粹的慾望，但能夠使人發現到自己身為人的價值，最後受到祝福。

換句話說，當人勇於面對苦惱，表示苦惱已具備了意義。苦惱本身並非造成不幸的原因，造成不幸的原因是逃避苦惱。

「無名戰士的話語」曾祈求慾望能得到滿足，但神最後告訴他的是發現自己身為人的價值。

各位要知道一點：不論勝者或敗者；窮人或富人，也不論健康或生病的人，總之，每個掌握幸福的人，都付出了相當的努力。

「繭居」和「啃老」都是日本以往沒有的新興產物。現在的日本社會已經變得荒腔走板，遺忘了真正的價值為何。

有人誤以為只要投入金錢遊戲，就等於邁入全球化。

有人則是以「文化人」自居，大言不慚的在電視宣稱「沒辦法這就是自由主義」。

進入網路時代後，大家對資訊的取得變得非常容易。但是某些人雖然在各領域中被吹捧為「導師」，卻完全沒有努力自我充實，與其盛名完全不成正比。

以前的老人家都是在家裡壽終正寢。現在的日本，雖然拜電子郵件等許多科技工具所賜而變得非常方便，但失去的也不在少數。

如果透過本書能喚醒各位對失去的寶貴之物的記憶，我將感到無比的欣慰。

一如往常，本書的問世也承蒙大和書房的南曉社長的關照。除了早稻田的教職，我也身兼哈佛大學賴世和研究所副研究員。我在大雪紛飛的波士頓郊區完成本書，但在寫作的過程中，還不時接到來自遙遠東京的關懷與問候。

新版後記

我重新思索了關於本書的無名戰士，他內心真正渴望得到的是什麼。

就「得到祝福」的意義而言，他算是「已經得到內心的寧靜」吧。也就是找到可以無憂無慮的心靈「安頓之處」。

雖然說「所求看似一無所獲」，其實在他的內心深處，他知道，這些並非他真正想要得到的東西。

他不過因為自卑感作祟，渴望變得高人一等而追求這些財富、名聲等。他的人格深處隱藏著不安。

他真正渴望的是充滿穩定力量的性格，還有內心的寧靜和治癒。

他真正想要的，現在都已經得到。這也意味著「我已經得到了最大的祝福」。

因為原本「為了得到世人的稱讚而追求成功」的他，受困於自己的優越情結和自卑感。

根深蒂固的自卑情結一旦消除，就不需要「為了變得幸福而追求財富」。

最後他說「沒說出口的禱告竟全蒙應允」。這是因為他已經從優越情結和自卑感解脫，發現了「真正的自我」，終於發現了自己的幸福。

因為找到了讓自己的心能夠安居的地方，所以他感受到「沒說出口的禱告竟全蒙應允」。原本受到「孤立與放逐」的心，現在已和別人的心互相連結。

Note

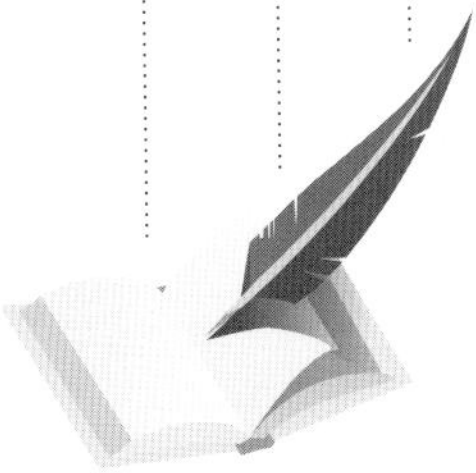

國家圖書館出版品預行編目（CIP）資料

學著,變幸福：在負能量爆表的路途中,改變觀點翻轉人生 / 加藤諦三著；藍嘉楹譯. - - 初版. -- 新北市：世茂, 2019.10
面； 公分. --（銷售顧問金典；107）
ISBN 978-957-8799-98-1（平裝）

1. 自我實現 2. 生活指導

177.2 108013161

銷售顧問金典 107

學著，變幸福：在負能量爆表的路途中，改變觀點翻轉人生

作　　者／加藤諦三
譯　　者／藍嘉楹
主　　編／楊鈺儀
責任編輯／李芸
封面設計／林芷伊
出 版 者／世茂出版有限公司
地　　址／（231）新北市新店區民生路 19 號 5 樓
電　　話／（02）2218-3277
傳　　真／（02）2218-3239（訂書專線）
（02）2218-7539
劃撥帳號／19911841
戶　　名／世茂出版有限公司
世茂網站／www.coolbooks.com.tw
排版製版／辰皓國際出版製作有限公司
印　　刷／傳興彩色印刷有限公司
初版一刷／2019 年 10 月

I S B N／978-957-8799-98-1
定　　價／280 元